中国名镇志文化工程
Culture Project of Local Records of China's Famous Towns

玉皇庙镇志

LOCAL RECORDS OF YUHUANGMIAO

山东省商河县玉皇庙镇志编纂委员会　编

方志出版社
Publishing House of Local Records

图书在版编目（CIP）数据

玉皇庙镇志 / 山东省商河县玉皇庙镇志编纂委员会编．—北京：方志出版社，2020.8

（中国名镇志丛书）

ISBN 978-7-5144-4267-0

Ⅰ．①玉…　Ⅱ．①山…　Ⅲ．①乡镇—地方志—商河县　Ⅳ．① K295.25

中国版本图书馆 CIP 数据核字（2020）第 157278 号

·中国名镇志丛书·

玉皇庙镇志

编　　者：山东省商河县玉皇庙镇志编纂委员会
责任编辑：程　倩

出 版 者：方志出版社
地址　北京市朝阳区潘家园东里 9 号（国家方志馆 4 层）
邮编　100021
网址　http://www.zgfzcb.cn
发　　行：方志出版社图书经销中心
电话　（010）67110500
经　　销：各地新华书店
排　　版：北京纺印图文设计制作有限公司
印　　刷：北京中科印刷有限公司

开　　本：787 × 1092　　1/16
印　　张：15.75
字　　数：328 千字
版　　次：2020 年 8 月第 1 版　　2020 年 8 月第 1 次印刷

ISBN 978-7-5144-4267-0　　**定价：**125.00 元

序一

习近平总书记指出："不忘历史才能开辟未来，善于继承才能善于创新……只有坚持从历史走向未来，从延续民族文化血脉中开拓前进，我们才能做好今天的事业。"中国优秀传统文化是在漫长的历史长河中历经无数次涤荡和沉淀而形成的思想精髓，蕴藏着无穷的宝藏和无尽的力量。发掘和继承优秀传统文化，是延续中华文明"根"与"魂"的必由之路。与时俱进，推动传统文化不断开拓创新，是中华文明常葆勃勃生机的重要保证。

"国有史，邑有志。"编修地方志是中国特有的文化现象，是中华民族的优秀文化传统。数千年来，连绵不断的志书编修为保护中华民族根脉，传承中华文明发挥了不可替代的作用。中国现存古志有 8000 余种，占现存古籍的十分之一。中华人民共和国成立以来，编修完成数万种省、市、县三级综合性行政区域志、部门志、行业志、专志等，编纂数万种地方综合年鉴、行业年鉴和专门年鉴等，整理出版数千种历代方志及相关研究成果，发表相当数量的方志理论与年鉴理论研究成果。这既是对我国国情、地情持续开展的大规模普遍调查，也是对各地自然与社会发展状况进行的综合研究，其成果构成了一座丰富的文化资源宝藏，为各级领导科学决策提供了重要参考，为推动经济社会发展和文化建设发挥了重要作用。

当前，中国特色社会主义进入新时代，全国地方志事业也进入新时代。如今的地方志事业围绕党和国家利益、经济社会发展，以人民为中心开拓创新，志、鉴、馆、史"四驾马车"并驾齐驱，志、鉴、馆、网、库、用、会、刊、研、史"十业并举"，加快实现在全国范围内全面推进地方志从一项工作向一项事业转型升级。在党中央、国务院的亲切关怀和各级地方志工作者的共同努力下，一批紧密结合社会发展需求、具有独特创造性的工作逐步开展，涵盖中国名镇志、中国名村志、中国名山志、中国名水志、中国名街志等"名志"系列文化工程是其中代表。作为首个"名志"系列文化工程的中国名镇志文化工程，启动于 2015 年，至今已是第三个年头。中国名镇志丛书在记述主体上，选择中国历史文化名镇、经济强镇、特色镇等在全国具有影响力和代表性的乡镇，旨在全面展示中国名镇的文化精髓；在内容题材选择上，重在突出不同名镇的“名”和“特”，力求集中体现不同名镇最精彩的部分，增强可读性；在志书编纂程序设置方面，志书申报、篇目设计、专家审读、专家组验收等流程环环相扣，紧密结合，力争把每一部志书都打造成精品佳志。

习近平总书记指出：“历史和现实都表明，一个抛弃了或者背叛了自己历史文化的民族，不仅不可能发展起来，而且很可能上演一场历史悲剧。”2018年是改革开放40周年，40年来中华大地发生了翻天覆地的变化，乡镇发生了极为深刻的改变，从粗茶淡饭到有机食品，从粗布衣裙到精美时装，从土屋平房到高楼大厦，人民生活水平大大提高，城乡差距不断缩小。然而，在感受辉煌成就的同时，我们也应该看到，许多精巧的古建、精湛的工艺、亲切的乡音、独特的乡俗也在快节奏的发展中与我们渐行渐远，曾经的家乡正逐渐变为记忆中的故园。

党的十九大报告提出乡村振兴战略，此后党中央、国务院又推出一系列重大举措。实施乡村振兴战略，必须全面加强乡村文化建设，培养乡村文化自信，培植文化之“根”，铸牢文化之“魂”。没有乡村文化的高度自信，没有乡村文化的繁荣发展，就难以实现乡村振兴的伟大使命。振兴乡村文化，既要塑形，更要铸魂，必须遵循乡村发展的客观规律，在发展中把文化的精髓保留下来，把乡土味道、乡村风貌的“魂”传承下去。在保留优秀乡村文化内核的基础上，用现代表现方式，把反映时代精神、先进理念的内容通过群众喜闻乐见的文化产品表达出来，才能够让乡土文化具有更强大的生命力。用创新性的模式书写乡镇志，传承和抢救乡土历史文化，激发爱国爱乡情怀，为探索中国特色新型城镇化发展经验、发展模式、发展道路提供历史智慧和现实借鉴，正是实施中国名镇志文化工程的目的和意义所在。

“月是故乡明”。中国人素有“家国情怀”，家乡的山水是最为美丽的，家乡的风俗是充满温暖的，一声亲切的乡音，一口熟悉的家乡菜，都能拨动游子的心弦，让其魂牵梦萦。中国名镇志丛书是一套全面梳理中国名镇历史人文，挖掘文化特色，突出“名”和“特”的镇志。它能让人民群众深刻感受到本土本乡自然的优美、历史的醇厚、人物的杰出、艺文的风雅等，有助于培养人民群众对家乡文化的自信，激发起人民群众浓烈的爱乡爱国情怀，助力国家新型城镇化建设和乡村振兴战略的实施。

是为序。

中国社会科学院院长
中国地方志指导小组组长　谢伏瞻

序二

连绵不断地编修地方志是我国特有的文化传统，为传承中华文明作出了巨大的贡献。在党中央、国务院的高度重视和支持下，这一古老的文化传统焕发勃勃生机，展现新的活力，成为保存、继承、发扬光大中华优秀传统文化的重要依托，培育和践行社会主义核心价值观的重要媒介，社会主义先进文化建设的重要组成部分，发展中国特色社会主义，增强道路自信、制度自信、理论自信的重要载体，在实现“两个一百年”奋斗目标和中华民族伟大复兴中国梦进程中具有不可替代的地位和作用。

事物总是在不断发展中前进。经过改革开放以来30余年的发展，中国特色地方志事业与传统的编修地方志已不可同日而语，形成了志（志书）、鉴（年鉴）、库（地情数据库）、馆（方志馆）、网（地情网站）、刊（期刊）、会（学会）、研（理论研究）、用（开发利用）等多业并举的新格局。截至2015年10月底，全国编纂完成首轮、二轮省、市、县志书8000多种，编修部门志、行业志、专业志、乡镇村志27000多种，编纂地方综合年鉴2300多种，累计整理旧志2500多种，还编纂出版了大量的地情书，字数以百亿计，形成以反映国情、地情为主要内容，全面系统、持续不断、卷帙浩繁的社会科学成果群。另外，还开通了27个省级网站、230个市级网站、816个县级网站；建成国家方志馆1个、省级方志馆16个、市级方志馆86个、县级方志馆近300个。这些成果，成为国家极为重要的文化资源，是国家文化软实力和公共文化服务体系的重要组成部分。

最近几年，地方志工作的触角在不断延伸，部门志、行业志、专业志、特色志、乡镇村志编纂方兴未艾，成为当前地方志事业发展新的增长点和亮点。特别是乡镇志，兴起了编纂热潮，从自发的民间行为逐渐过渡为政府组织的文化行为，有的省份以政府令形式将其纳入地方志编修范畴，像河南省还以省政府办公厅名义要求全省普修乡镇志。乡镇志并不是一个新生事物，据现有资料可考，宋代常棠所撰《澉水志》是现存最早的一部乡镇志。与省、市、县三级志书相比，乡镇志虽属小志，但意义却不小，特别是在当前国家全力推进新型城镇化建设的背景下，乡镇志的作用更显重要。

启动中国名镇志文化工程，是适应当前新型城镇化建设形势发展需要、地方志事业发展形势需要的重要举措，也是充分发挥地方志存史、资政、育人功能的重要手段。作为最基层行政组织的志书，镇志是最接近中国社会发展变迁的国情、地情记录文本，具有重要的历史文献价值。而作为充分反映本区域自然、政治、经济、文化和社会的历史与现状的资料性文献，镇志又能全面展示发展脉络，摸索发展经验，为探索中国乡镇未来发展方向提供借鉴和参考。当然，对于祖祖辈辈生于斯长于斯的中国人来说，故乡就是一个魂牵梦萦的地方，故乡的情怀终生难忘。留得住乡愁，记得住乡思，充分展示名镇文化魅力，激发爱乡、爱国情怀，正是中国名镇志文化工程题中应有之义。

是为序。

中国社会科学院原院长
中国地方志指导小组原组长 王伟光

序三

“国有史，邑有志”，中国自古就有注重编史修志的传统。按照我国目前地方志行政法规，国家各级地方志机构的法定职责是编纂省、市、县三级志书，并不包括县以下的乡镇志和村志。这种规定，一方面可能因为全国有数百万自然村落和数万乡镇，全部实行官修很难实现；另一方面可能因为我国历史上就有“皇权止于县”的说法，县以下的民间社会历来是一个以自治为主的领域。然而，改革开放几十年来，我国社会正在发生巨变，这种巨变在基层社会的乡镇、村落、家庭领域更为深刻。作为“乡之首，城之尾”的镇，逐渐被日益崛起的大都市淹没了光彩，村落在快速的城镇化过程中每天都在大量消失，农村家庭的小型化、空巢化趋势非常突出。在这种情况下，我一直在思考，如何留得住历史文化记忆和乡愁，如何把修志的工作向基层社会延伸?

中国人的“家国情怀”，是从“诚意、正心、修身”开始，到实现“齐家、治国、平天下”。所以从国家一统志，省、市、县三级志，到乡镇志、村志、家谱，也是一个完整的系统。

正是在这种背景下，我们决定启动中国名镇志文化工程。乡镇是无数中国人生命的底色和成长的摇篮。如何在城镇化进程中，留得住乡愁，记得住乡音，忘不了乡思，事关城镇化进程的人文关怀和文化保护，事关文化血脉的传承。同时，科学记录城镇化进程，反映城镇化成就，也为今后探索城镇化发展规律、积累经验提供了基本素材。作为全面系统记述一定行政区域的自然、政治、经济、文化和社会的资料性文献，志书是以上功能最好的载体。

我国目前有 4 万多个乡镇，全部修乡镇志还不具备条件。中国名镇志丛书选择的是传统文化名镇、历史军事重镇、革命历史名镇、民族特色名镇、特色经济名镇、旅游景观名镇等类型的乡镇，应该是最具代表性的，在中国乡镇文化传承和社会发展中具有标杆意义。

编纂中国名镇志丛书是对乡土历史文化的保护。随着城镇化进程加快，有不少乡镇被撤并，有些还是在历史上有重要意义的历史文化名镇、特色镇等。如不及时对其历史进行整理、记录，这些重要的历史资料将散佚殆尽。因此，中国名镇志丛书的编纂是对宝贵历史资料的抢救。

编纂中国名镇志丛书是对乡土意识的传承。什么东西有魅力？故乡的山水，乡音乡情的记忆，乡土的气息和家乡菜的味道，不管走到哪里，总是触动心弦。中国名镇志丛书记录的是家乡的山山水水，家乡的历史文化，家乡的风土人情，留住的是乡愁。这些最能激发远方游子和本地民众的爱乡情怀、爱国情怀。

编纂中国名镇志丛书是一种学术探索。镇志的编纂，实质也是一次深入的社会调查研究。“麻雀虽小五脏俱全”，相比省、市、县，乡镇第一手资料的获得需要付出更大的努力。我们也希望在志书编纂上有所创新，使中国名镇志丛书成为一套图文并茂、雅俗共赏的新型志书。

中国社会科学院原副院长
中国地方志指导小组原常务副组长 李培林

中国名镇志文化工程专家委员会

中国名镇志文化工程学术委员会

山东省商河县玉皇庙镇志编纂委员会

顾　　问　张林镇　梁甲猛

主　　任　李孝玉

副 主 任　刘俊宝　王育海　于培芳

委　　员　张玉芳　王　勇　张文华　张　岩　路来宝

　　　　　王　营　张庆涛

山东省商河县玉皇庙镇志编辑人员

编　　审　张林镇　李孝玉　蔡海林

副 编 审　刘俊宝　王育海　于培芳

主　　编　庞佃军

副 主 编　王育海　孙经亮

特邀编辑　杨富华

编　　辑　昝云兴　吴忠升　李　军　李乃玉　昝云周

　　　　　张恒文　甄复奎　王　鹏　吕兴强　孙庆法

　　　　　曲来新　魏守升　张宗敏　陈佃仁　田长福

　　　　　王树东　田道华　石增全　张世武　温兴峰

　　　　　徐齐齐　赵　宁　季海涛　邹爱国　王圣军

玉皇庙晨曦

中国名镇志丛书凡例

一、以马克思列宁主义、毛泽东思想、邓小平理论、“三个代表”重要思想、科学发展观、习近平新时代中国特色社会主义思想为指导，坚持辩证唯物主义和历史唯物主义的立场、观点和方法，存真求实，全面、客观、系统记述中国名镇城镇化进程和改革开放成果，传承和抢救乡土历史文化，激发爱国爱乡情怀，留住乡愁，为探索中国特色新型城镇化建设、服务乡村振兴战略提供历史智慧和现实借鉴。

二、为全面反映入志事物发展脉络，各志上限追溯至事物发端，下限一般断至各镇志启动编修年份，个别重大事项可延至搁笔。详今明古，着重反映时代特色和地方特点，重点体现各镇的“名”与“特”。

三、记述地域范围以下限年份的行政辖区为主。为体现名镇在更大区域内的意义，可以从更开阔的区域视野记述与该镇相关的内容。

四、统一采用纲目体，设类目、分目、条目三个层次。横排门类，纵述史实，述而不论。

五、综合运用述、记、志、传、图、表、录等各种体裁，以志体为主。体裁运用适当创新，篇目设置不求面面俱到，一般意义上的乡镇级内容略去不载。

六、除引用文字和附录文献资料外，统一使用规范的现代语体文记述，行文力求朴实、严谨、简洁、流畅、优美，具有较强可读性。

七、人物部类遵循“生不立传”原则，人物传主按生年排序，只选录对本镇发展有重大影响的人物，不面面俱到。

八、各项数据一般采用国家统计部门数据。数据缺乏的，采用主管部门或主办单位正式提供的数据。

九、数字用法、标点符号、计量单位分别执行国家标准《出版物上数字用法》（GB/T 15835—2011）、《标点符号用法》（GB/T 15834—2011）、《国际单位制及其应用》（GB 3100—1993）和《有关量、单位、符号的一般原则》（GB 3101—1993）。历史上使用的计量单位，如斗、石、里、尺、磅、华氏度等，在引文时可照录。考虑到社会使用习惯，全书中亩不统一换算。

十、中华民国成立前的纪年，使用朝代年号纪年，括注公元年份；中华民国成立后的纪年，均使用公元纪年。志中所称“解放前（后）”，以该镇解放日为界；“新中国成立前（后）”，以中华人民共和国成立日 1949 年 10 月 1 日为界；“改革开放前（后）”，以 1978 年 12 月中共十一届三中全会召开为界。本志“× × 年代”，凡未加世纪者，均指 20 世纪。

十一、为节省篇幅，避免重复，本志采用条目互见法。参见条目的表示形式为：参见本志“× × 类目 · × × 分目 · × × 条目”。

十二、对旧志、古籍中的繁体字、冷僻字一般用简化字或通用字替换，易引起误解的则保留。

十三、记述各个历史时期的党派、机构、职务、地名等，均以当时的名称为准。对频繁使用的名称，首次用全称并括注简称，其后用简称。

十四、各镇志需要单独说明的事项，均在各自编纂始末中记述。

玉皇庙镇在中国的位置

审图号：GS（2020）6436号

玉皇庙镇在山东省的位置

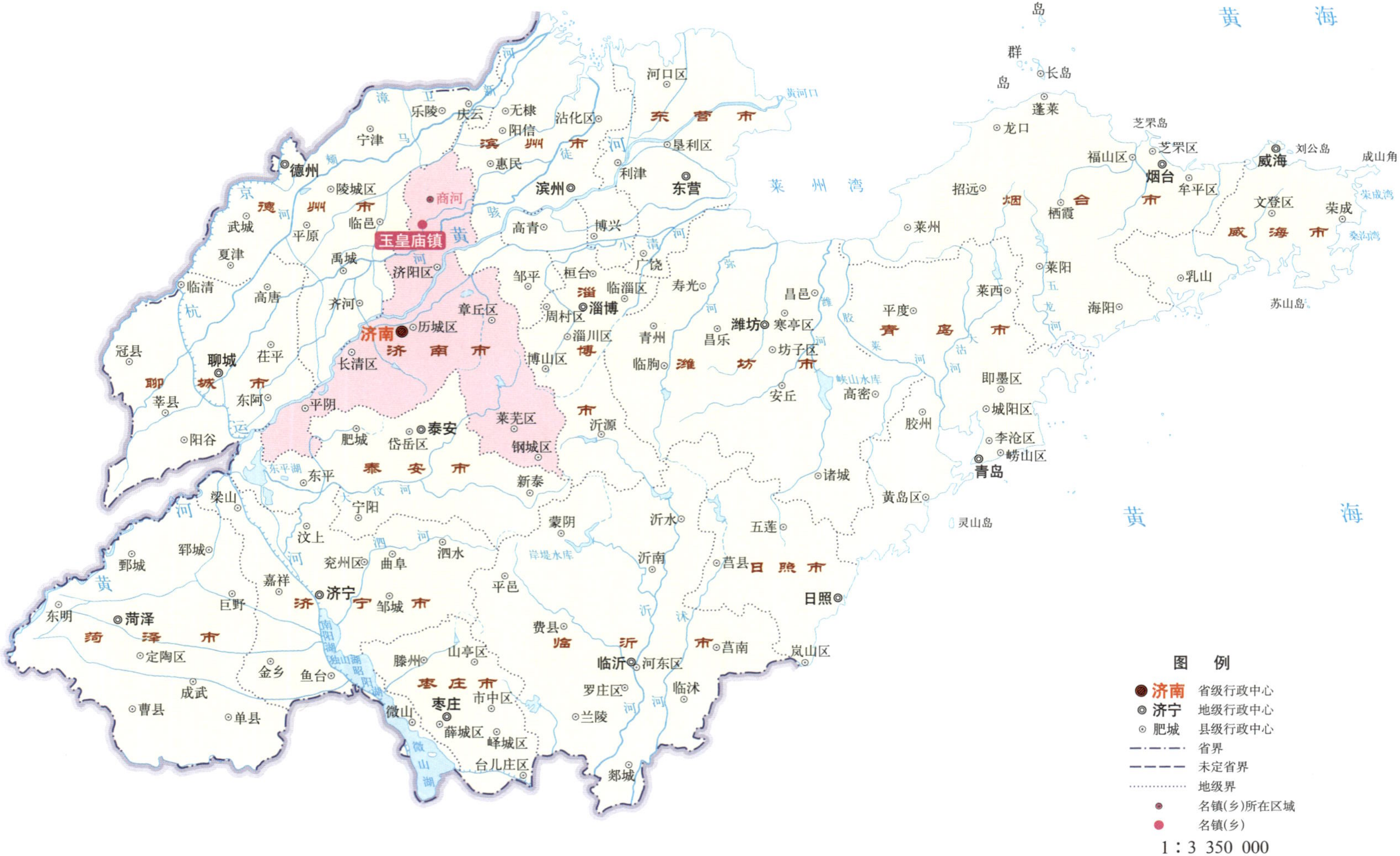

审图号：GS（2020）6436号

玉皇庙镇地图

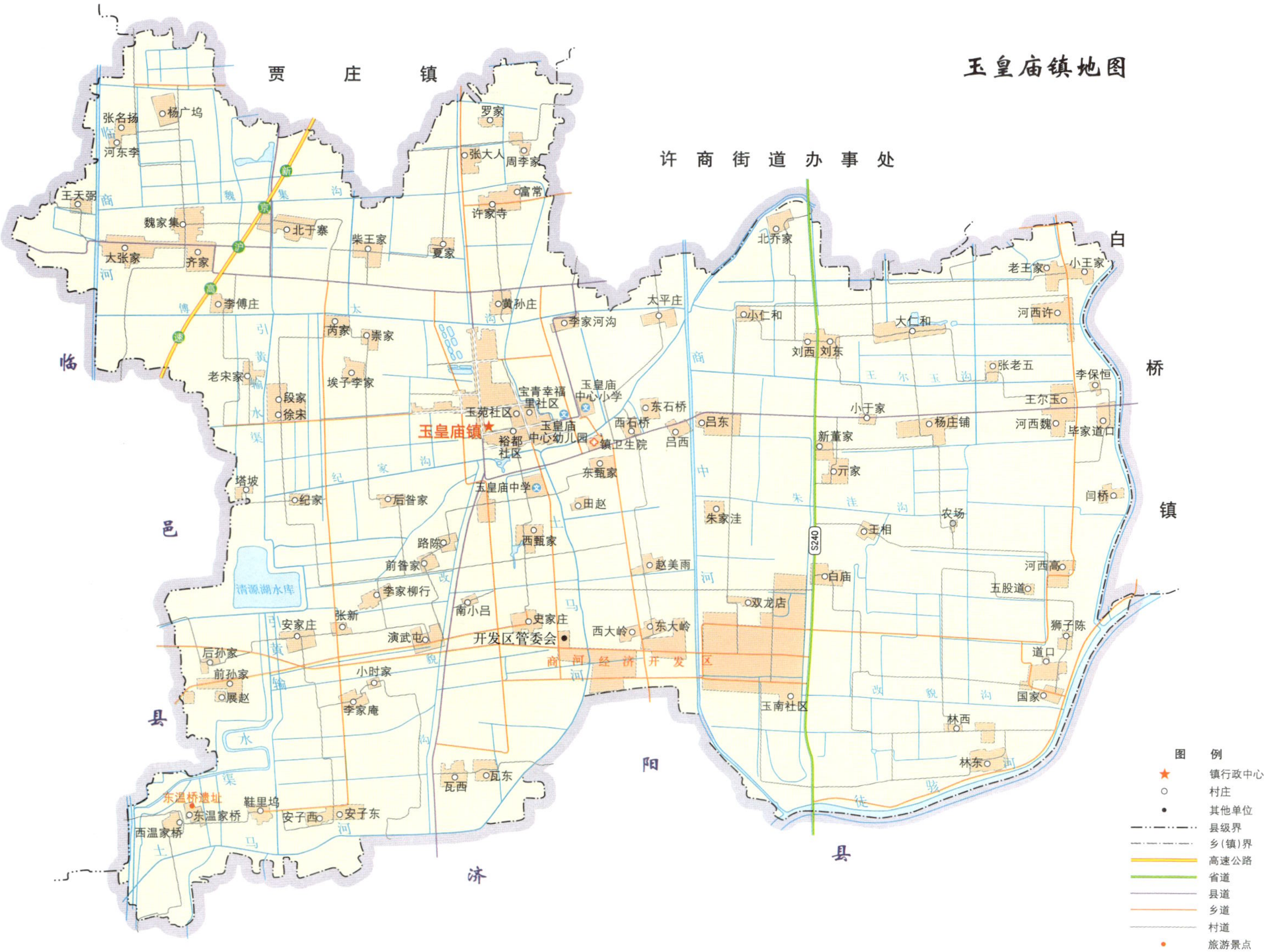

审图号：GS（2020）6436 号

土马河生态园春景

玉皇庙镇俯瞰图

公园喷泉

玉园湖公园一角

玉皇庙镇中心广场标志

鼓乡春潮

吕东民居

张大人牌坊石狮

春到玉园湖

目录

概述

玉皇庙镇，地处鲁北腹地，是泉城济南的一颗闪亮明珠。区域面积 153.49 平方千米，辖 96 个行政村，6.7 万人，享有全国重点镇、国家级生态乡镇、全国特色小镇、全省中心镇、山东省重点示范镇、山东绿色生态示范城镇等称号。

玉皇庙镇地处华北平原，位于商河县域南部，济南、德州两市三县交界处。南隔徒骇河与济阳县相望，西与德州市临邑县接壤，东邻白桥镇，北接许商街道和贾庄镇。毗邻京沪线、京九线和胶济线铁路，省道240线（一级公路）纵贯南北，与国道220线、国道340线相连，是济南至天津、北京的交通要道。南距省会济南市区50千米、济南国际机场35千米，距京福高速、济青高速零点立交桥40千米，北至天津300千米、北京350千米，东至青岛400千米。新京沪高速穿境并设有进出口，即将建设的济滨高铁贯穿全境，四通八达的乡村路网密布。省级经济开发区——山东商河经济开发区坐落于其境内，按照山东商河经济开发区与玉皇庙镇"一体规划、资源共享、分体建设、共同发展"的原则，规划设计南开发、中商居、北民营三大片区，该镇已成为济南市新旧动能转化先行区和"北跨"战略的第一延伸区。玉皇庙镇自然资源丰富，是胜利油田主产区之一，石油储量2000万千克，年产30万千克。石油伴生天然气储量5亿立方米，管道天然气日供气量40万立方米。境内地热储量12亿立方米，可开采量5亿立方米，出口水温58℃～62℃，含有丰富的矿物质和微量元素，属碎屑岩类孔隙裂隙热储类型，可广泛用于医疗保健及农业生产用水。徒骇河、土马河、商西河、商中河，清源湖、玉园湖等水系环绕、指状渗透，清源湖和日供水能力1.5万千克的开源水厂坐落在境内，可为工业及生活用水提供保障。境内建有110千伏变电站1座、

绿色玉皇庙镇

35千伏变电站3座，实现济（南）德（州）"双回路"供电。建有日处理能力2万千克的污水处理厂1处；在全县率先实现自来水"村村通"，保证24小时供水。玉皇庙镇属暖温带半湿润季风气候，四季节气分明，生态环境优美，林木绿化繁密，绿色小镇实至名归。

玉皇庙镇素有"商河小粮囤"之称，是山东省无公害农产品产地、济南市无公害蔬菜标准化生产基地之一。

1990年以后，玉皇庙镇以发展现代农业为基础支撑，努力打造富裕秀美、和谐活力乡村。进入21世纪后，更加注重农业的特色和效益并重。坐落在辖区境内的商南蔬菜交易市场，与寿光、济南、北京等地的蔬菜市场并网互联，年交易彩椒近3万千克、蒜薹10万千克、大蒜30万千克，年交易额达6亿多元，成为商河及周边地区的农副产品集散地和物流中心。现代农业实现新突破，新建鸿顺庄园、玉舜园、玉河生态园、三十七度庄园等现代农业园区，带动形成名优农产品生产板块和乡村旅游板块。完成农村土地确权颁证，农产品电子商务公共服务平台启动。专业合作社、家庭农场等新型经营主体发展良好，瓦西冬瓜合作社被评为国家级合作社。至2017年，已培植形成大棚蔬菜、优质大蒜、黑皮冬瓜、畜牧养殖、花卉林木五大特色农业生产基地，其中商南彩椒、黑皮冬瓜两大生产基地被列为济南市农业特色品牌基地。市级农业龙头企业有13家。累计完成植树造林81548.6亩，森林覆盖率51.3%，镇区人均公共绿地面积40平方米。推广秸秆还田新技术，严禁秸秆焚烧，被命名为国家级生态乡镇、山东绿色生态示范城镇。

玉皇庙镇是商河县的重要工业基地，业已形成玻璃制造、机械加工、包装印刷、农副产品、纺织服装加工五大产业。

1994年，力诺集团在这里创业，现已成为全国太阳能行业领军企业，中国制造业500强。公司拥有医药包装玻璃、耐热玻璃、电光源玻璃、高硼硅太阳能玻璃等四大系列产品。其中，耐热玻璃器皿、电光源玻壳、药用玻管、药用安瓿和小瓶被评为山东名牌产品；耐热玻璃器皿成为格兰仕、LG电子、韩国三星、美的电器、青岛海尔等企业的供应商；硼硅药用安瓿、小瓶填补国内空白，成为国内高端品牌；产品出口美国、德国、巴西、日本和印度等国家，市场前景广阔。2012年，投资5.7亿元进行扩大再生产。力诺的辉煌业绩，为玉皇庙镇赢得"玻璃智造小镇"的美誉。

2010年，青岛帅潮集团在玉皇庙镇投资3.9亿元，建成济南帅潮实业有限公司。公

生态公园

司主要产品为汽车钢板弹簧，有 100 多个规格品种，主要销往中国重汽、北汽福田欧曼和山西大运汽车有限公司，是国内汽车钢板弹簧行业规模最大的板簧生产企业。2016 年 10 月，青岛帅潮和青岛特钢有限公司签署协议。2017 年 5 月，随着青岛特钢的整体划拨，青岛帅潮加入中信大家庭，成为央企一员，2019 年更名为泰富特钢悬架（济南）有限公司，其发展后劲十足。

至 2017 年年底，玉皇庙镇已拥有力诺集团、泰富特钢悬架（济南）有限公司、山水集团、六和集团、万豪集团以及新加坡泛洋科技有限公司、山东承相印刷有限公司等规模企业 39 家。

玉皇庙镇突出生态、温泉两大特色，分别聘请山东省城乡规划设计院、青岛建筑设计研究院、浙江大学等国内知名团队进行控制性详规、商住区综合设计、中心城市设计、村镇体系规划，全力规划和打造"功能完善、水系环绕、指状渗透、宜业宜居"特色化城镇，建设宜业宜居之地。2007 年，玉皇庙街道开始新一轮的城镇建设。截至 2017 年年底，累计投入约 9 亿元用于城镇基础设施建设，新修建玉凯路、玉皇西路、玉皇东路、力诺路等 8 条道路，改造提升玉皇路、黄齐路、兴源街、府前街、白玉路等 5 条道路，形成"一环五纵十横"的城镇路网框架，驻地主要街道两侧绿化随行，雨水、

霞光普照

污水、供水管道配套，所有弱电管线全部入地；开源水厂、垃圾中转站、文化中心、公交始末站、消防站以及玉湖公园、土马河生态景观园、市民文化广场等民生工程相继投入使用。玉皇庙镇是济南市第一个地热取暖、第一个天然气接入农户家中的城镇，实现水、路、电、气、暖、网、绿、有线、通信九通，被市政府列入“十二五”全市“重点提升镇”、全省“百镇建设示范行动”示范镇。

玉皇庙镇始终把增进群众福祉放在首位，连年实施民生工程，全力推动社会保障、教育卫生等各项事业发展。开展社会民生服务年活动，公开民生服务热线，建立民生服务台账。镇卫生院与济南市第五人民医院结成共建对子，医疗卫生事业增添新活力，临床医疗护理、基本公共卫生服务、药品管理等工作取得新进步；大力实施中小学校舍升级改造工程，高标准新建玉皇庙镇中学、玉皇庙镇中心小学、玉皇庙镇育才小学，实施“一园三校”工程，进一步完善学前教育、小学教育、初中教育“三级体系”，有标准校车7辆，教育工作实现更高层次跨越；加强食品药品安全监管，以创建国家食品安全城市为载体，定期开展专项整治活动，强化日常监管和巡查，打造良好的食品药品安全环境；深化扶贫攻坚行动，整合各类项目资金，实施精准扶贫，开展就业扶贫、保险扶贫、产业扶贫等活动；协办花博会、全国种子“双交会”等大型活动，开展非遗文化进校园、道德讲堂等活动，修复吕东民居，建成吕东、演武等一批农村历史文化展室；创新平安玉皇庙建设，矛盾纠纷排查化解机制更加健全；这些措施的实施，为进一步推进全镇居民的“安居乐业”打下良好基础。

玉皇庙，人杰地灵，物华天宝。自古深受儒道思想的影响和熏陶，形成丰富多彩的尚文、尚孝、尚武的民俗文化。勤劳勇敢的玉皇庙人民，走进新时代更加豪情万丈，必将在中国共产党的坚强领导下，在全面建成小康社会的道路上阔步前行，谱写出更加辉煌绚丽的华章。

玉皇阁　　　　翟翔鹏　摄

基本镇情

玉皇庙镇地理位置优越，资源丰富；工业与农业园区齐头并进，日益展现出勃勃生机；社会文化事业和精神文明建设成绩显著，居民生活富足安康。2017 年，玉皇庙镇荣膺全国特色小镇，一个生态宜居、活力迸发的全国重点镇屹立在济南的“北大门”。

建置区划

地名由来 清道光《商河县志》载，“玉皇庙，城西南三十里”，即玉皇庙镇今址。玉皇庙镇名起源于一个古老的民间传说，相传盘古开天辟地之后，天地间一片祥和，后来诸神开始争斗，使得三界大乱。太白金星与诸神商议，决定下凡寻找一位德才兼备之人来做三界大帝。一日，太白金星云游至一个叫张家湾的地方，发现一位叫张玉皇的寨主将境内治理得宛如世外桃源，又闻张玉皇本人和善慈悲、德高望重。于是，便携张玉皇飞上天庭。张家湾百姓为纪念张玉皇之善事善举，特为其建起一座庙宇——玉皇庙。之后，“玉皇庙”逐渐替代张家湾的称谓，被人们沿用至今。

建置沿革 明代实行乡里制，之后，都以玉皇庙镇域建置，辖区多有改变。

1934 年，商河县划分为 9 个区、6 个镇、75 个乡。玉皇庙镇属第五区，下辖 1 个镇、9 个乡、97 个村庄，区公所驻玉皇庙。

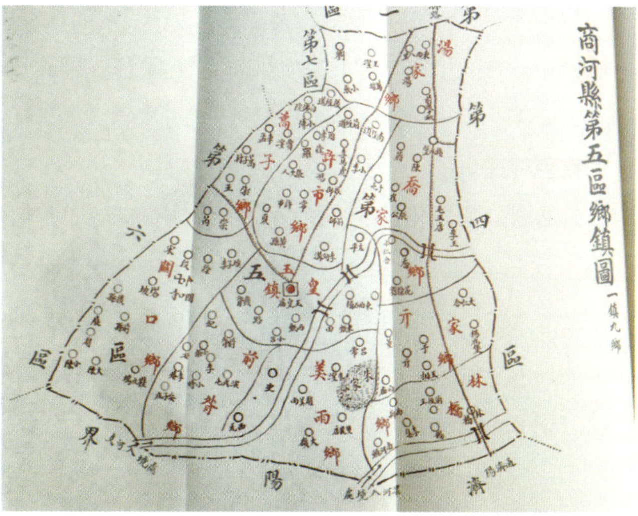

民国《商河县志》中的 1934 年商河县第五区乡镇图

1950 年 5 月，全县划分为 13 个区，玉皇庙境域属第五区。

1957 年 1 月，撤区建乡。境内设演武屯乡、芮家乡、玉皇庙乡、白庙乡。

1958 年 3 月，全县调整为 19 个乡（镇）。是年 9 月，实行人民公社化，改为玉皇庙公社。

1965 年 5 月，商河县调整公社规模，全县划为 22 个公社，其中设有玉皇庙、亓家公社。1981 年 12 月，亓家公社更名为杨庄铺公社。

1984 年 4 月，撤销公社，改建为玉皇庙镇、杨庄铺乡。

1990 年 1 月，商河县划归济南市，玉皇庙镇、杨庄铺乡随之划归。

2005 年 11 月，经济南市政府同意并报山东省政府批准，撤销杨庄铺乡、玉皇庙镇，在上述一乡一镇原行政区域设立玉皇庙街道，街道驻地在山东商河经济开发区，与县经济开发区合署办公，实行区办合一。

2007 年 4 月，玉皇庙街道从山东商河经济开发区迁回原玉皇庙镇驻地。

2009 年 11 月，撤销玉皇庙街道，调整为玉皇庙镇，至 2019 年，建置无变化。

辖区变迁　1950 年 5 月，惠济县撤销，原第四区的五股道村划入济阳县；1964 年 9 月，区划调整，五股道村复划入商河县。

1990 年 1 月，商河县划归济南市，玉皇庙镇辖 58 个行政村，杨庄铺乡辖 37 个行政村。

2005 年，商河县乡镇行政区划调整，撤销杨庄铺乡、玉皇庙镇，设立玉皇庙街道，玉皇庙街道辖 5 个管区 96 个行政村。

2012 年 2 月，玉皇庙镇根据全镇村镇体系规划、新城镇建设规划和新型农村社区建设规划，调整 6 个管区为 8 个办事处，96 个行政村随之调整，至 2019 年年底未变。

至 2017 年，玉皇庙镇辖 8 个办事处，96 个行政村，总人口 6.7 万人。

特色村庄

玉西村　历为镇政府驻地，全镇政治、经济、文化中心。历史上与玉东村同称玉皇庙，1957 年 8 月，因人口众多划为玉东、玉西 2 个行政村。玉西村西靠胜利油田临盘指挥部农二农场，南邻西甄村，北与黄孙庄村接壤。总地域面积 2600 亩，其中耕地 1250 亩，人口有 780 人。自 20 世纪 80 年代至今，借助镇政府驻地的有利区位，工商业发展迅猛，现 80% 以上的农户都有第二、第三产业项目，涉及机械制造、蔬菜加工、畜禽养殖等 10 个行业。全村有建筑、装修工程队 4 个，沿街商铺 40 家，资产达到 100 万元以上的村户 10 家，注册资金 500 万元以上公司 3 家。2017 年，人均纯收入 1.77 万元。是年，玉苑社区建设正式启动，全村 97 户村民进行拆迁。

玉东村 位于镇政府驻地规划区内。历史上与玉西村同称玉皇庙。该村占地总面积 2992 亩，其中耕地 700 亩，大棚 200 亩，企业占地 150 亩，林地 800 亩。该村主产小麦、玉米、棉花、蔬菜等。交通便利，村内有通往县城、济南、德州、张店、东营的班车；村内 4 条大街全部硬化，柏油路由街中心穿过，东连玉河路，西接玉凯路；设有集贸市场、综合商店、饭店、机动车维修部、面粉厂、加油站等。逢五和十是村里的大集，摊位 460 多个，高峰时赶集人数达万人，集市交易额 10 多万元。玉皇豆腐皮是该村也是商河县远近闻名的名牌产品，远销全国各地。村中加工作坊上百处，从业人员有 400 多人。蔬菜种植是该村农民增收的重要渠道，全村建有冬暖式蔬菜大棚 70 个，露天蔬菜基地 20 余亩，主要种植芹菜、黄瓜、番茄、芸豆、茄子、辣椒等，每年向市场提供蔬菜 500 余千克，仅蔬菜一项人均增收 400 元。2017 年，该村人均收入 1.76 万元。2018 年 8 月，村民全部搬入玉苑社区。该村自古有高跷、芯子等特色娱乐活动，曾多次在县文艺会演中获奖。2007 年至今，村里先后投资 30 多万元，建成农村文化大院、青年科技之家、老年人活动中心、图书室、儿童游乐园等。

大仁和村 南与杨庄铺接壤，北与许商街道西赵村相近，西与刘东村相邻。全村总占地面积 3300 亩，其中耕地 2460 亩。2000 年至今，该村先后涌现出大蒜种植示范户 150 个，建蔬菜大棚 20 个，每年向市场提供大蒜、蔬菜 17.4 万千克，产值 40 万元。同时大力兴办第三产业，先后在乡镇驻地建立起家电销售、畜牧兽医、农资销售、良种销售、理发洗浴、肉食店等业务经营场所，年创收 50 万元。该村交通便利，村内有东西 1500 米的柏油路横穿全村，3 条南北向柏油路从村西、村中穿过，南接白玉路。至 2010 年，全村发展养殖小区 8 个，其中养狐场 2 个，养猪场 6 个；门窗加工厂 2 个，村民人均收入逐年提高。2017 年，该村人均收入 1.45 万元。

该村有着悠久的革命历史传统。1945 年 8 月，中共大仁和村支部委员会成立，有 26 人加入中国共产党，是全县八大乡区中入党人数最多的村之一。解放战争时期，全村有 120 名民工参加淮海战役支前队伍。1951 年，15 名青年参加抗美援朝，其中 2 名牺牲。1956 年、1957 年，大仁和村连续两年被评为高级农业合作社先进村。1996 年、1997 年，连续被镇党委评为先进党支部。

瓦西村 瓦西村占地面积 1600 亩，其中耕地面积 1100 亩，是驰名全国的黑皮冬瓜种植专业村。2000 年，瓦西村组织村民去外地学习种植冬瓜。2006 年，全村黑皮冬瓜

瓦西蜜童西瓜采摘基地　　李超　摄

种植面积1000余亩，辐射周边23个村，总种植面积1万余亩；2006年，黑皮冬瓜注册“瓦西牌”商标。2010年，瓦西村引进“心里美”水果萝卜，并开始种植有机韭菜新品种。2010年11月，申请认证有机韭菜、“心里美”萝卜、西瓜等有机食品。2017年，瓦西村人均收入1.81万元。2008年，瓦西村被山东省工商行政管理局评为山东省十佳技术服务型农民专业合作社。2009年10月，被山东省科协、山东省财政厅评为山东省科普惠农示范工程先进单位。2010年，“瓦西牌”商标被济南市工商局评为济南市著名商标。2010年7月，瓦西村被中华全国妇女联合会评为全国妇联基层组织建设示范村；12月，被山东省妇女联合会评为巾帼示范村。

许家寺村　许家寺村东与富常村为邻，西靠甜辛公路间隔与夏家村相依，北与张大人村相连，南与黄孙庄村接壤。1987年，栽种苹果树450亩。1996年开始种植大蒜、圆葱等蔬菜。2014年以后，村党支部着力解决群众关心的生产生活问题，村庄面貌焕然一新。2017年，许家寺村实现从落后村、贫困村到先进村的转变，实现村民人均可支配收入1.5万元，村集体收入过10万元。是年，许家寺村被评为济南市文明村，村党支部书记许秀军被评为济南市优秀村党组织书记。

为增强村集体和群众收入，党支部利用扶贫资金建立钢结构标准厂房744平方米，引进福美达服装加工项目，年增加集体经济收入达3万元以上。接着，党支部争取到为“洽好味”干果加工厂开壳，解决30多个贫困劳动力就业。随后，借助上级政策大力实施光伏发电项目，进一步增加村集体收入。2017年，该村人均收入1.6万元。村中有广

许家寺村党群服务中心（2018 年）

场舞队、秧歌队等。

魏家集村　东与北于寨为邻，西隔临商河与临邑县相望，南与齐家村接壤。全村占地总面积 4500 亩，其中耕地 2550 亩、果林 300 亩、沟渠 600 亩、企业占地 390 亩。全村共有 295 户、1386 人。该村工业始于人民公社时期，有木工厂和土砖窑厂，从业 30 余人。1978 年以后，村党支部带领村民大力发展村办、户办工业，新建砖瓦厂 1 座；投

魏家集村村容村貌（2018 年）　　翟翔鹏　摄

入120万元，购手套机80台，年纯利润20万元。2001年，该村先后投资60余万元，在村南侧建起长800余米的商业街1条，设有百货商店、饭店、五金门市、农机维修部、良种和农药专卖店、化肥销售点、理发店、洗浴室、肉食店等经营场所。另建起二层商业居民两用楼14座，经营范围涵盖百货、婚庆、农机修配、机电、服装、五金、铝塑、农药化肥等。至2010年，村内建有养殖小区8个（养鸡场1个、养羊场7个）、玩具厂1家、玻璃颗粒加工厂1家，拥有重汽运输车6辆，挖土机、吊车8台。2017年，该村人均收入1.5万元。自1999年始，该村对考入中专、大专的学生每人奖励500元。2000年2月，投资10万元，打深水井1眼，井深400米，安装供水设备管道，村民饮用水水源由地表水改为地下水。2008年，村投入40余万元，建起文化大院、老年活动室、卫生室。卫生室设有8张床位，群众小病不出村，大病能急诊，全村孤寡病残老人都能得到一定经济扶助。2001年，被济南市政府授予“村镇建设明星村”称号。2003年，被济南市政府授予“济南市文明村”称号；2010年，被济南市委、市政府授予“市级生态文明村”称号。

鞋里坞村 鞋里坞村南与济阳县接壤，西与临邑县相邻，紧靠邢家渡二级沉沙池。全村占地总面积2000亩，其中耕地1371亩。自2010年以后，村民先后建起食用菌大棚80个，露天蔬菜30余亩，主要种植芹菜、黄瓜、番茄、辣椒等；种植速生林200余亩，大力发展林下养鸡、养鹅，种植双孢菇。另调整出土地35亩建设养殖小区，年

鞋里坞村村容村貌（2018年） 翟翔鹏 摄

生猪存栏量1000头。该村工业始于人民公社时期。1985年，组建村建筑队，从业人员60余人。1989年，建起众成面粉厂、造纸厂、塑料颗粒加工厂、木板加工厂等企业。村内设有百货商店、卫生所、饭店、五金门市、农机维修部、良种和农药专卖店、化肥销售点等经营场所，既满足村民生活的需要，又增加农民收入。2017年，该村人均收入1.45万元。

2000年，村投入12万元，建起能容纳4个教学班的高标准新学校，适龄儿童入学率达100%。2005年，投资7.5万元建起380平方米幼儿园1所，辐射4个邻村。2006年，村投资2万元，办起农村文化大院，设有老年活动室、图书室、篮球场及健身器材等。2007年，购置图书1000余册，象棋、围棋、麻将、健身器材、新桌椅等充实其中。2008年，购置电脑、大屏幕电视及影碟机等，实现了宽带网络与远程教育网络的并联，为群众提供学习的平台，不定期组织群众收看科教片，为群众宣传和普及农业结构调整，农业种植、畜牧业养殖、良种施肥等方面的先进经验和农业科学知识。1985年至今，先后获得“山东省林业示范单位”“济南市敬老模范先进单位”“济南市百佳妇代会”“全县先进基层党组织”等称号。

亓家村 该村有较长的养殖与加工业历史。1966年，村集体在大力发展养猪业的同时，建起第一座红砖窑厂，烧制大量红砖分配到户。1967年，建立大红枣作坊。1968年，建起粉皮粉丝作坊和铁丝网厂、棉籽加工食油厂等，增加了村民收入。1988年，该村调整种植业结构，进行棉麦套种。2000年后，该村组建起建筑队，有近百人在开发区企业务工。村民亓义祥建起的养猪场占地面积30亩，存栏量约1000头；亓加学发展獭兔养殖业，有500多只。2017年，该村人均收入1.45万元。该村组建有一支高跷锣鼓队，逢年过节走村串巷为群众表演。2007年，建起老年活动室、图书室、篮球场、乒乓球室，并开通宽带网。该村党支部多次被商河县委评为优秀党支部。

白庙村 位于省道240线东侧，毗邻经济开发区，与王相、亓家、王尧、双龙店村相邻。全村耕地面积2030.23亩，水利条件较好，以种植小麦、玉米为主。1989年至今，该村进行农业产业结构调整。截至2010年，发展大蒜种植300多亩，蔬菜大棚35个，速生林900多亩。同时，大力发展第三产业。2008年投资60多万元，建起手套加工厂，年销售收入280多万元，利润30多万元；村有养猪专业户2户，存栏60多头；养鸡专业户2家，存栏4000多只；综合超市3家；机械农机维修点2个，农资门市部1个；并依托靠近开发区的优势，大力发展劳务输出，在开发区打工170多人。2017年，该村

白庙村（2018 年）　　　　翟翔鹏　摄

人均收入 1.6 万元。

自 2008 年至今，白庙村累计投资 200 多万元，全村“一纵四横”街道及 12 条巷道全部实现硬化、绿化，安装高标准路灯；并建有文化健身广场，安装健身器材，卫生室、图书阅览室、老年活动室，配有远程教育、移动影视等设备。

1997 年至今，该村多次受到市、县、镇级表彰和奖励。1997 年被镇党委评为先进党支部；2003 年被镇党委评为先进单位；2007 年被镇党委评为新农村建设先进单位，是年被镇党委评为林业生产先进单位；2009 年被县政府评为新农村建设明星村；2010 年被市政府评为党风廉政建设示范村，是年被济南市评为新农村建设先进单位。

杨广坞村　杨广坞村东与贾庄镇铁匠村为邻、西与张名扬村相连、南与魏家集村接

杨广坞村　　　　翟翔鹏　摄

壤、北邻贾庄镇栾洼村。全村占地总面积 2400 亩，其中耕地 1800 亩。1996 年以后，杨广坞村实行农业结构调整，先后种植苹果树 200 余亩、丰产林 150 亩。同时大力发展第三产业，先后建成电焊门业、机动车维修点 2 个，副食门市 6 个，来料加工厂 2 家，养鸡、养鸭大棚 6 个，养猪小区 2 个。2017 年，人均收入 1.55 万元。1991 年，杨广坞村对村小学进行扩建。2007 年 2 月，全村通自来水。是年 8 月，投资 47 万元，硬化 6 条大街，总长 2800 米；2009 年，村内所有胡同完成硬化，并对大街进行美化和绿化、亮化。2008 年，新建村文化大院 10 间，设有篮球场、图书室、党员活动室等。该村 1952 年创办小型吕剧团，演出节目有《白毛女》《王定宝借当》《借年》等。村民芮墨林、董士贤两人表演俱佳，人送外号“金娃娃”“两盏灯”。1968 年，办起小型京剧团，演出节目有《红灯记》《沙家浜》等。

区位　交通

区位　玉皇庙镇位于北纬 37° 06′ ~ 37° 32′ ，东经 116° 58′ ~ 117° 26′ ，隶属山东省济南市商河县，是商河县的南大门。地处两市（济南市、德州市）三县（商河县、济阳县、临邑县）交界处，距商河县城 20 千米，南隔徒骇河与济阳县相望，西与德州市临邑县接壤，东邻白桥镇，北接许商街道和贾庄镇。

交通　新京沪高速、省道 240 线贯穿南北，公路交通便利，南连沪宁，北接京津。

玉皇庙镇是《济南市新型城镇化规划（2015—2020)》玉中济南北向轴线上的重点片区，也是济南“北跨”携河发展战略的重要支点之一。其在城镇空间结构打造“一心三轴多组团、人文山水生态型”的城镇化空间结构，即以济南新区、新京沪高速、国道 220 线和省道 240 线为轴线，串联济南新区、济阳城区、玉皇庙片区、商河城区，打造食品温泉城镇聚合轴。玉皇庙镇位于“三轴”的北向轴带之上。

雾绕玉皇庙

自然环境

地质地貌 玉皇庙镇属华北黄泛冲积平原，境内无高山和丘陵。地势平缓，自东北向西南缓缓倾斜。历史上由于黄河多次漫溢溃决和淤淀不均，遗留古河道高地带，在古河道间形成坡地和洼地。高地、坡地、洼地相间分布，洼地星罗棋布全境。

该镇有河滩高地、高坡地、平坡地、洼坡地 4 个地貌类型。河滩高地系古河道漫滩沉积而成，主要是垄岗河滩高地，地面坡度较大，地表径流和地下水径流通畅，一般无涝灾威胁；地下水埋深 3 米以下，矿化度为 2.07 克 / 升，井灌水质较好，河灌无盐化威胁，土壤水分以下渗为主，多为褐土化潮土，主要分布于徒骇河沿线。高坡地系泛滥漫流沉积而成，位于河滩高地的下端，地面坡度相对较大，地段中有微微隆起。地下水埋深在 3 米左右，排水良好，矿化度 1.5 克 / 升。土壤类型以砂质潮土为主，其次是褐土化潮土，为全县土壤精华，是粮棉高产地，主要分布在土马河、徒骇河一带。平坡地系黄河泛滥漫流沉积而成的单斜坡地，在高坡地下端，处于高坡地与洼地之间，地势平缓，地下水埋深 2 ~ 3 米，矿化度 2.17 克 / 升。土壤类型以砂质潮土为主，夹杂着零星的斑化潮土，耕性好，适宜种植多种作物，是全镇主要地貌类型。洼坡地系黄河泛滥漫流沉积而成，位于平坡地的下端，是境内盐碱地的所在地。1958 年之后，商河县开挖商

中河，新植各种林带，对原有的七十二洼进行根本性改造。至2017年，玉皇庙大地河沟纵横，树木葱茏，昔日的洼坡地面貌一新。

水系

玉皇庙镇境内的河流属海河流域徒骇河水系、德惠新河水系、引黄提水灌区渠系。徒骇河水系的支流有徒骇河故道、土马河、商中河，德惠新河水系的支流有商西河、商中河，引黄提水灌区渠系的支流有引黄输水渠，还有付太沟、甜辛干沟、中心干沟、团结沟等主干渠。

徒骇河　又名土河，前身为古漯川，是山东省第二大河。玉皇庙镇境内河段自南河头村入商河县境，沿商河县境南部蜿蜒东北而行，经白桥镇至郑路镇邢王村东出境，境

徒骇河航拍图　　李建辉　摄

徒骇河故道风光　　王平　摄

内长31.7千米，流域面积347平方千米。境内建有南河头涵闸、国家涵闸等主要建筑物，是一条具有防洪、排涝、灌溉综合效益的河道。

徒骇河故道　源自徒骇河营子涵闸，流经玉皇庙、白桥、郑路，在郑路镇小张家村重新入徒骇河，全长19.33千米，流域面积60平方千米，河道平均宽度128.5米，水深4.5米，防洪标准为20年一遇。主要节制闸有河南张闸、小张家闸。

商西河

土马河　徒骇河的较大支流，自玉皇庙镇西温家桥村入境，横穿县境南部，蜿蜒东北而行，至郑路镇王老庄出境，长47.97千米，流域面积305平方千米。河道平均宽度25米，水深3米。防洪标准为20年一遇。境内主要节制闸有西温家桥闸、东石桥闸、太平庄涵闸。

商西河　又称临商河，境内河段自西温家桥村进入，西入临邑县于大张村南重入境，至怀仁镇王尔茂村北出商河县境，长24.9千米，流域面积308平方千米。河道平均宽度28米，水深4米，防洪标准为20年一遇。

土马河亭台栏桥 刘海萍 摄

引黄输水渠

付太沟

商中河　商河县境中部一条较大型引水灌溉、防洪排涝主要河道。境内河段起自玉皇庙镇南河头涵闸，向北穿土马河、沙河，至殷巷镇帽张村北出县境，长 37.8 千米，流域面积 343 平方千米，河道平均宽度 30 米，水深 3.5 米，防洪标准为 20 年一遇。境内主要节制闸有太平庄闸。

引黄输水渠　县境一条主要引水灌溉河道。境内渠段自温桥村西入境，河道平均宽度 45 米，水深 3 米。其主要涵闸有付太沟分水闸、芮家分水闸、魏集沟左岸分水闸、魏集沟右岸分水闸。引黄输水渠是一处地下渠，从二级沉沙池溢流堰起至商中河，全长 18.67 千米。河底高度 11.67 ~ 8.46 米，河底宽 11 米，设计流量 25 立方米 / 秒。

付太沟　起自商西河，由玉皇庙镇大张村向东至玉皇庙镇太平村东入商中河，全长 9.5 千米，流域面积 51.6 平方千米，河道平均宽度 25 米，水深 2.5 米，防洪标准为 20 年一遇。境内主要节制闸有大张家涵闸、芮家闸、李傅庄闸、李家河沟闸。

甜辛干沟　位于玉皇庙镇西部，起自玉皇庙镇瓦西村，向北至玉皇庙镇张大人村，全长 10.06 千米。

中心干沟　位于玉皇庙镇东部，起自玉皇庙镇国家村，向北至玉皇庙镇老王家村，全长 8.95 千米。主要流经境内大蒜生产区。

团结沟　位于玉皇庙镇北部，起自玉皇庙镇大张村，向东至玉皇庙镇富常村，全长 7.2 千米。

气候物候

气候　玉皇庙镇属暖温带半湿润季风气候，气候温和，年平均气温 12.6℃；全年以

1 月最冷，月平均气温 -3.6℃，最低气温月平均为 -8.6℃，日最低气温≤ -5.0℃的寒冷日数年平均为 64.1 天，日平均气温≤ -10.0℃的严寒日数年平均 23 天，最早开始于 11 月下旬，最晚结束于 3 月中旬。7 月最热，月平均气温为 26.8℃，最高气温月平均为 31.6℃。降水偏少，年平均降水量 591.1 毫米；光照充足，年日照时数 2737.4 小时。春、夏、秋、冬四季分明，季风特征明显。

物候 玉皇庙镇按照农时二十四节气来说，生物对气候的反应明显。

1 月有小寒、大寒两节气。玉皇庙有大冷在“三九”之说。是月，越冬作物基本停止生长，皮毛动物遍生绒毛以御寒。

2 月有立春、雨水两节气。上旬蜡梅开花，中旬柳树知春，下旬小麦开始返青；皮毛动物开始脱绒，大雁一般在 2 月下旬由南方归来。

3 月有惊蛰、春分两节气。大地解冻，万物复苏，杏花、梨花、迎春花、丁香花开，冬眠的动物开始复苏出蛰，虫蛾羽化，小麦返青进入分蘖期，柳树芽叶萌动，榆树一般在中旬形成榆钱。

4 月有清明、谷雨两节气。柳树芽叶鹅黄，柳树、杨树一蕾开花，丁香等春花繁茂。苦苣菜、蒲公英等相继开花，小草复苏露出地面，燕子归来，有“燕来不过三月三（农历）”之说，小麦上中旬开始拔节；棉花一般在下旬开始播种，枣树萌芽，农谚有“清明谷雨好种花，枣枝发芽种棉花”“清明种棉花，大车拉棉花”，杏树开花一般在上旬，桃树现蕾开花，刺槐初开花香，下旬始种瓜点豆。青蛙一般在 4 月上旬开始鸣叫，民间有“青蛙叫，春雨到”“青蛙叫不停，天气久雨转晴”的说法。

5 月有立夏、小满两节气。5 月下旬进入夏季，四声杜鹃（俗称布谷鸟）开始啼鸣，刺槐开花，桑葚将成熟，谷子、高粱、花生等春作物开始播种。小麦抽穗、扬花、灌浆到籽粒饱满。玉米一般在 5 月下旬播种。

6 月有芒种、夏至两节气。小麦成熟收割，玉皇庙有“麦熟一晌”“过了芒种麦熟一天赛过一天”的说法，此月雷雨多至，农事活动以抢收、抢种为主。棉花上旬开始现蕾。大豆播种期在上旬至中旬，农谚有“入伏种豆白搭种子没有收”。随着气温升高，麦蒿等草枯死，始闻蝉鸣。

7 月有小暑、大暑两节气。天气炎热进入伏天，也是多雨季节，是玉皇庙镇全年降水最多的月份，降水量占全年的 30% 左右。7 月开始种萝卜，农谚有“头伏萝卜，末伏菜”的说法。

8 月有立秋、处暑两节气。天气仍炎热多雨，降水仅次于上月，秋虫开始择偶鸣叫，蝉交配产卵。棉花下旬开始吐絮。开始种植秋菜，有“立秋种白菜，处暑见新棉花”的说法。雏鸡产蛋，老鸡换羽（脱毛）。大部分草本植物吐穗。

9 月有白露、秋分两节气。天气转凉，月初始入秋季。降水减少，天高气爽，春播的谷子、高粱、玉米、大豆等开始成熟、收割。秋虫进入交配季节，处处皆闻虫鸣，小麦进入播种季节，农谚有“白露早，寒露迟，秋分种麦正当时”之说。蝉停止鸣叫。

10 月有寒露、霜降两节气。气温逐渐下降，下旬天始见霜。树木落叶杂草渐枯，是农作物收获季，俗称“金秋十月”，小麦播种，昆虫入土，秋虫哀鸣，换羽后的蛋鸡重新产蛋。下旬燕子南飞越冬，古有“燕走不过九月九（农历）”的俗语。中旬大雁由北方南飞。

11 月有立冬、小雪两节气。进入冬天，皮毛动物开始生长绒毛。小麦进入冬前分蘖期，秋菜大部收获，有“萝卜不吃十月（农历）水”“立冬刨葱，小雪铲白菜”的俗语。还有“小雪封河”之说。

12 月有大雪、冬至两节气。玉皇庙镇大地在上中旬封冻。水面结冰，天气寒冷，冬至开始数九。玉皇庙镇有谚语，“一九二九不出手，三九四九凌上走，五九六九沿河看柳，七九河开八九雁来，九九加一九耕牛遍地走”。

自然资源

土地资源　据 2008 年商河县第二次土地资源调查显示，玉皇庙镇土地总面积 15349 公顷。2017 年，耕地面积 8000 公顷，园地面积 140 公顷，林地面积 1140 公顷，城镇村及工矿用地面积 1760 公顷，交通运输用地面积 119 公顷，水域及水利设施用地面积 1960 公顷，其他土地面积 2330 公顷，另有未利用地面积 500 公顷。

水资源　境内有较好的地下水储存条件，水量较为丰富。2003 年 1 月 27 日，胜利油田地矿专家在进行石油作业时发现，商河县地下蕴藏着巨大的地热资源。玉皇庙镇地下储量 12 亿立方米，可开采量 5 亿立方米，水层在 1180 ~ 1400 米，出口水温 58℃ ~ 62℃，含有丰富的锂、碘、锶、溴、铁、锌、偏硼酸、偏硅酸等矿物质和微量元素，属碎屑岩类孔隙裂隙热储类型，被命名为锶、偏硅酸型医疗温泉水，可广泛用于医疗保健及农业生产用水。境内地表水主要是河水、坑塘水和引进的客水，集中在南北走向的徒骇河故道、商中河、商西河、引黄输水渠及其支流付太沟、甜辛干沟、中心干沟、团结沟等主干渠。坐落境内的清源湖水库使用黄河水源，以开源水厂分质供水模

玉皇庙境内的油井

式，日供水 1 万千克，其饮用水 106 项指标全部达到或超过国家标准，属优质用水。

矿产资源 境内石油资源丰富，隶属胜利石油管理局临盘采油厂管辖。已探明石油储量 2000 万千克，年产 30 万千克；石油伴生天然气储量 5 亿立方米。另外，西气东输管道天然气日供气量 40 万立方米。该镇境内有鲁明临邑公司、鲁明商河公司、鲁明济北公司、临盘采油厂管理五区 4 家油田企业，到 2017 年有油井 299 口，上缴利税 9365 万元。

植物资源 粮食作物主要有小麦、玉米、高粱、大豆、绿豆、豇豆、红小豆、谷子、甘薯等。经济作物主要有棉花、花生、西瓜、辣椒、芝麻等。蔬菜作物有白菜、大蒜、黄瓜、芹菜、油菜、辣椒、菠菜、马铃薯、冬瓜、甘蓝、大葱、韭菜、茄子、胡萝卜、番茄（西红柿）、芸豆、西葫芦、萝卜、豆角、香菜、南瓜、丝瓜、扁豆等。人工栽培林木有杨、柳、榆、刺槐、苹果、梨、桃、杏、山楂、核桃、海棠、红枣（大枣）、柿子、葡萄、石榴、香椿等。野生草本植物主要有大蓟、小蓟、马齿苋、马兜铃、蛤蟆草、木贼、王不留行、凤仙花、车前、凤眼草、冬葵、苍耳、谷精草、牵牛、青蒿、泽兰、败酱草、灰菜、苣荬菜（曲曲菜）、猪毛菜、狼尾草、野燕麦、猪毛蒿及其他禾本科杂草。野生木本植物较少，有酸枣、杜梨、红荆条、野桑、枸杞、爬山虎等。

动物资源 兽类有黄鼠狼、刺猬、蝙蝠、野狸、狐狸、獾、野兔等。鸟类主要有麻雀、燕子、灰喜鹊、喜鹊、大山雀、黄雀、啄木鸟、猫头鹰、杜鹃、乌鸦、野鸽、野鸭、戴胜、鹌鹑等。鱼类主要有鲤鱼、鲫鱼、鲇鱼、青鱼、草鱼、白鲢、黄鳝、鳜鱼、黄颡鱼等。其他类爬行动物主要有鳖、蛇、蜥蜴。两栖动物主要有青蛙、蟾蜍。

软体动物有方形环棱螺（螺蛳）、河蚌、蜗牛。玉皇庙镇有国家二级保护动物 3 种，即苍鹰、短耳鸮、长耳鸮；山东省重点保护野生动物有 13 种，即中华大蟾蜍、黑斑蛙、泽蛙、乌龟、白鹭、灰雁、针尾鸭、雉鸡、四声杜鹃、星头啄木鸟、棕腹啄木鸟、艾鼬、黄鼬。

人口　民族

人口总量　据 1994 年版《商河县志》载，1934 年，商河县五区（玉皇庙）人口有 35235 人。

新中国成立后，人民安居乐业，生活水平逐步提高，医药卫生状况不断改善，死亡率逐年降低。至 1957 年，人口呈现高自然增长型，玉皇庙境内总人口 45480 人，比 1949 年增加 4903 人。1958—1963 年，境内人口骤减，1963 年为 33847 人，是新中国成立后人口最少的年份。1964 年后，随着经济的复苏与社会的发展，人口有序增长。20 世纪 70 年代后，人口逐步实现有控制地增长。根据六次全国人口普查数据显示，玉皇庙境内人口分别为 1953 年 42404 人，1964 年 34824 人，1982 年 56219 人，1990 年 58324 人，2000 年 60628 人，2010 年 64119 人。至 2017 年年底，全镇有 18226 户、户籍人口有 63584 人。

随着家庭户规模逐步小型化，户均人口数逐步减少。1953 年户均人口 4.33 人，1991 年户均人口 4.10 人，2000 年户均人口 4.00 人，2010 年户均人口 3.38 人，2017 年户均人口 3.24 人。

2017 年玉皇庙镇各村人数、户数统计表

表 1　　　　单位：人、户

村名	人口	户数	村名	人口	户数	村名	人口	户数
玉东村	1291	359	北于寨村	1284	390	城南杨村	225	57
玉西村	834	251	李傅庄村	641	185	王尧村	482	140
黄孙庄村	809	227	西温家桥村	635	178	南河头村	1054	270

续表 1

村名	人口	户数	村名	人口	户数	村名	人口	户数
李家河沟村	539	142	东温家桥村	595	167	白庙村	809	227
许家寺村	702	206	鞋里坞村	626	183	双龙店村	309	92
张大人村	888	265	安子东村	881	236	朱家洼村	727	221
太平庄村	731	203	安子西村	374	103	王相村	412	126
周李家村	365	97	前孙家村	728	188	老王家村	864	250
罗家村	298	88	后孙家村	549	157	小王家村	254	76
富常村	312	89	展赵村	261	68	河西许村	783	236
夏家村	354	109	安家庄村	875	248	王尔玉村	892	235
东甄家村	841	237	小时家村	201	60	李保恒村	140	43
西石桥村	653	202	李家庵村	632	184	毕家道口村	565	163
东石桥村	621	186	张新村	259	73	河西魏村	809	226
瓦东村	751	192	李家柳行村	632	184	闫桥村	559	149
瓦西村	575	160	前昝家村	530	154	河西高村	985	295
史家庄村	767	199	后昝家村	537	154	狮子陈村	479	128
西大岭村	380	114	纪家村	355	108	五股道村	174	49
东大岭村	470	141	塔坡村	416	123	道口村	701	193
田赵村	421	138	段家村	934	254	国家村	801	235
赵美雨村	635	183	老宋家村	909	255	张老五村	447	130
南小吕村	282	78	埃子李家村	757	213	小仁和村	485	143
演武屯村	1266	348	崇家村	641	173	大仁和村	1262	348
西甄家村	1032	306	芮家村	678	200	杨庄铺村	1375	487
路陈村	502	143	徐宋村	403	124	小于家村	187	57
魏家集村	1441	399	柴王家村	680	188	新董家村	397	116
大张家村	1991	599	林东村	1137	305	亓家村	722	210
齐家村	948	289	林西村	808	214	吕东村	881	239
王天弼村	424	116	前王村	441	135	吕西村	706	196
河东李村	198	62	后王村	540	142	刘东村	679	197
张名扬村	493	147	柳官庄村	915	236	刘西村	557	153
杨广坞村	942	301	南李集村	366	108	北乔家村	886	273

源流迁徙 明朝，山西、河北一带移民迁入玉皇庙境内众多；清朝，河北武邑、枣强部分流民寄居于玉皇庙境内。为支援和加强边疆地区的经济建设，1956 年商河县五区（包括玉皇庙）迁移出一少部分人口到黑龙江省甘南县。后由于生活不适应，至 1985 年先后有人重返故里。1959—1962 年，不少人出外谋生，主要以东北三省为落脚地。1983 年之后，境内经济条件逐渐好转，大部分人员返回。人口的机械变动除移民、自由流动外，还有出入境内的工作调动、参军与复员、升学与毕业分配、婚嫁等变动情况。

民族结构 玉皇庙境内自古以汉族居多。1982 年第三次全国人口普查时，因商河油田开发投产，大批石油职工迁入境内，普查结果为蒙古族、壮族、朝鲜族、满族等少数民族人口主要分散在境内油田单位。20 世纪 80 年代以后，因工作调动、婚姻等，境内少数民族人口有所增加。至 2017 年年底，境内有回族、满族、蒙古族、壮族、土家族、朝鲜族、彝族、纳西族等 8 个少数民族，共计 44 人。

姓氏组成 2017 年，全镇共有 127 个姓。排名前十位的有张、王、李、刘、孙、陈、高、杨、赵、董。其中，最多为张姓，计 9155 人，占全镇人口的 13.65%；其次王姓，计 7705 人，占全镇人口的 11.49%；再次是李姓，计 6227 人，占全镇人口的 9.29%。张姓多在大张家、张大人、大仁和、柳官庄、东甄家、河西魏、鞋里坞、安子东、南河头、东石桥、杨庄铺等村；王姓多在老王家、王尔玉、柴王家、后王、北于寨、王尧、西温家桥、前王、东石桥、西石桥、王天弼等村；李姓多在黄孙庄、埃子李家、李傅庄、李家柳行、齐家、国家、玉西、朱家洼、安子东、周李家等村。

镇域经济

玉皇庙镇是山东省无公害农产品产地，商河县及周边地区农副产品集散地和物流中心，亦是商河县重要工业基地。

第一产业 20 世纪 90 年代以后，该镇以发展现代农业为基础支撑，至 2017 年年底，全镇农作物播种面积 244523 亩、设施农业占地面积 13240.5 亩、园林水果产量 143 万千克，猪存栏 49090 头、牛存栏 1372 头、羊存栏 14104 只、家禽存栏 66 万余只。商南蔬菜交易市场与寿光、济南、北京等地的蔬菜市场联网，年交易彩椒 3 万千克，蒜薹 10 万千克，大蒜 30 万千克，年交易额 6 亿多元，成为商河及周边地区的农副产品集散地和物流中心。新建成的鸿舜庄园、玉舜源、玉河生态园、三十七度庄园等现代农业园区，带动形成名优农产品生产板块和乡村旅游板块；专业合作社、家庭农场等新型经营

又是一个丰收年

主体发展良好，瓦西冬瓜合作社被评为国家级合作社。商南彩椒、黑皮冬瓜两大生产基地被列为济南市农业特色品牌基地，有市级农业龙头企业 13 家。

第二产业 1991 年，全镇第一个机械化工业企业煅热厂开工投产。1995 年 11 月 29 日，镇工业开发区成立，第一家民营企业三威公司（后来的力诺集团）破土动工。是月，玉皇庙镇被国家科委、体改委、农业部、民政部和农民日报社等联合授予“中国乡镇投资环境 300 佳”称号。1999 年，全镇第一家鲁港合资企业皇港绿色果业有限公司成立。2000 年，玉皇庙镇实现工业增加值 1.4 亿元，乡镇企业实缴税金 2432 万元，完成地方财政收入 1500 万元，跃居济南全市 116 个乡镇前十强；杨庄铺乡实现工业增加值 2080 万元，乡镇企业实缴税金 29 万元，完成地方财政收入 171 万元。

2005 年，玉皇庙镇与杨庄铺乡合并，进一步增强发展动力。至 2010 年年底，全镇规模以上工业增加值 5.15 亿元，固定资产投资 4.62 亿元，各项税收 1.61 亿元，完成地方财政一般预算收入 5593 万元，农民人均纯收入 7418.4 元，出口总额 489 万美元。是年，财政收入突破 5000 万元大关。2012 年，以“全省争先进、全国找位置”作为新的发展定位，玉皇庙镇迈出了坚实的步伐。至 2013 年年底，全镇实现规模以上工业增加值 8.05 亿元，固定资产投资 1.2 亿元，各项税收 1.9 亿元，完成地方公共财政预算收入 8426 万元，出口总额 1075 万美元。是年，财政收入突破 8000 万元，农民人均纯收入超过 1 万元。

2016 年，玉皇庙镇以争创全国特色小镇为目标，以民生服务为主线，在全面建成小

力诺玻璃生产仪器

康社会的道路上砥砺奋进。至 2017 年年底，全镇规模以上工业增加值 18.6 亿元，完成地方公共财政预算收入 1.45 亿元，农民人均纯收入 14490 元。是年，玉皇庙镇创建全国特色小镇，工业经济对财政贡献率突破 60%。

第三产业 1978 年后，在中共十一届三中全会精神指引下，境内各类零售商业网点大量增加，多种经济成分、多形式并存，商业发展呈现出前所未有的繁荣景象。1991 年，镇最大供销点是玉皇庙供销社。至 2000 年，全镇有个体工商业户 39 户，从业人员 108

玉皇庙镇的餐馆、商铺（2018 年）

人，集贸市场 6 个。2005 年，全镇有个体工商业户 126 户，从业人员 346 人，商业街 1 条，集贸市场 12 个，形成多元化经济成分并存，构成全方位、多层次的商业发展新格局。到 2006 年，全镇有个体工商业户 451 户，从业人员 912 人，商业街 2 条，集贸市场 12 个。2007 年后，玉皇庙镇坚持“环境立镇、工业强镇、三产活镇”的理念，第三产业发展取得新进步。至 2010 年年底，全镇有个体工商业户 1121 户，从业人员 2355 人。至2019年年底，全镇个体工商业户3292户，农贸市场12个，社会商品零售额18.80亿元。

社会民生

社会事业

教育　清光绪三十二年（1906），玉皇庙建立师范学堂。1936 年，商河县建有高级小学 10 所，其中官口寺小学（县立第八小学）位于玉皇庙镇段家及纪家、塔坡之间。1937 年，抗日战争爆发，官口寺小学（县立第八小学）停办。1938 年后，日伪政权在杨庄铺建立高小。1945 年，商河全境解放。1949 年 10 月，玉皇庙恢复建立完全小学。

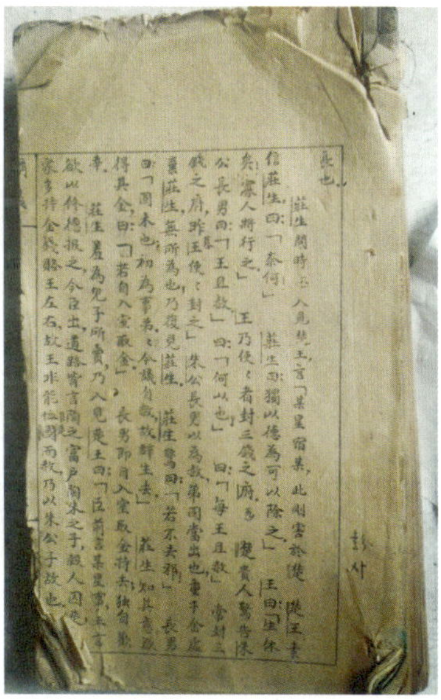

民国时期的课本

1958 年，国家投资在玉皇庙建立商河第三中学。1961 年，商河第三中学实行分点设校，有利于学生就读，但学生人数大为减少。1963 年后，学生纷纷复学。1966 年“文化大革命”开始，各中学停课。1967 年，将高、初中原来的三三学制改为二二学制，废除毕业升学考试。1969 年，大办联中，一般 6 ~ 7 个自然村办 1 所，较大的村镇小学自办初中班，商河第三中学改为高级中学。1971 年，将商河第三中学的教师、教具分配到玉皇庙公社中学，实行社办高中，归公社领导。1988 年，商河第三中学撤销，保留玉皇庙中学。1987 年以后，玉皇庙镇在李庵建立镇第二中学。到 1990 年，玉皇庙镇有公办中学 4 所，即玉皇庙镇一中、玉皇庙镇二中、玉皇庙镇三中（原商河三中）、杨庄铺中学。各中学的实验、仪器室及教育技术装备基本完成。

1968 年冬，小学教师一律回原籍，小学交大队来办，实行五年一贯制。中共十一届三中全会以后，小学实行邻村统一编班，高年级适当集中，低年级减少复式。同时，按规定开设全部课程，改用全国统编教材，加强基础知识、基本概念的教学及基本技能的训练。到 1987 年 9 月，全镇达到国家规定普及初等教育的标准。同时，学校对旧校舍、课桌凳、教具进行更新改造。

1984—1987 年，通过群众自筹资金，新建砖瓦结构、宽敞明亮的标准教室，结束了“黑屋子、土台子、泥孩子”的历史，实现了校校无危房，班班有教室，人人有课桌凳。小学的实验室、仪器室及现代化教学技术设备建设也进展较快。1988 年 4 月，全镇小学实现教室、办公室、院墙等六配套。经省检查验收，达到标准要求。1990 年，全镇小学共 892 所，其中中心小学 2 所，即杨庄铺乡中心小学、玉皇庙镇中心小学；其他小学 7 所，即魏家小学、刘家小学、后王小学、演武小学、段家小学、李安小学、魏集小学。

1991—1995 年，原玉皇庙镇共有中学 3 所，小学 59 所，其间初中在校生 1400 余人，小学在校生 3000 余人，教师 310 人。1994 年，撤并玉皇庙镇二中，镇二中改建为成人

在阅览室读书的小学生

比赛的小学生

教育中心校。原杨庄铺乡有初中 1 所，小学 29 所，教职工 210 人，初中在校生 800 余人，小学在校生 1700 余人。

1997 年普及九年义务教育，撤并第三中学，改建成镇中心小学。1998 年，全镇进行布局调整，撤销 23 所小学。至 2000 年，全镇有中学 1 所，小学 36 所，初中在校生 1200 人，小学在校生 3310 人，教职工 320 余人。2000 年，原杨庄铺乡普及九年义务教育，投资近 100 万元，在柳官庄村新建育才小学。小学由 29 所合并为 13 所，初中在校生 790 余人，小学在校生 1700 余人，教职工 202 人。

2004 年，进行第二次布局调整，撤并 27 所小学，全镇设立完全小学 3 所，教学点 4 个。其间，原玉皇庙镇初中在校生 800 人，小学在校生 2690 人。原杨庄铺乡合并撤销初、简小 8 所，小学由 13 所减少为 5 所。初中在校生 784 人，小学在校生 1635 人，教职工 196 人。

2006 年春，杨庄铺乡合并到玉皇庙镇，全镇共有初中 2 所，小学 6 所，教学点 6 个。2008 年，镇政府投资 3000 万元，异地新建玉皇庙中学。2009 年，原玉皇庙中学、杨庄铺中学合并迁入新中学。其间，全镇有初中生 1300 人，小学生 4400 余人，教职工 519 人。

自 2010 年始，镇政府投资近 7000 万元，先后完成镇中心小学、镇中心幼儿园和李安 3 所完小的校舍升级改造工程。是年，通过济南市教育示范镇验收，中心小学、杨庄

玉皇庙中学

玉皇庙中心小学（2018年）

玉皇庙镇中心幼儿园

铺小学被评为市级规范化学校。

2013 年，魏家教学点更名为魏家加爱侨心小学。2014 年 8 月，撤并 5 个教学点，保留侨心小学，在玉南社区新建育才小学。2014 年，玉皇庙中心小学被评为济南市教学示范校。2015 年，通过省、国家教育均衡县达标验收。2017 年 9 月，魏家加爱侨心小学撤并到杨庄铺小学。

2017 年，全镇有成教中心 1 家；初中 1 所，在校生 1681 人，初中适龄儿童入学率 100%；完全小学 6 所，在校生 4436 人，适龄儿童入学率 100%；在校学生巩固率小学 100%、初中 98.2%，残疾儿童入学率 100%；公办中心幼儿园 1 所、民办幼儿园 11 所，在园幼儿 1926 人，学前一年入园率 100%，学前三年入园率 87%。全镇共有中小学教职工 402 人，其中专任教师 332 人，专任教师学历达标率 100%。

至 2017 年年底，镇域主要学校有 3 所，分别是玉皇庙中学、玉皇庙中心小学、玉皇庙镇中心幼儿园。

卫生 清末和民国初期，境内没有专门的卫生管理机构，仅有少数名医和小药铺散落于村庄民间。新中国成立后，建立乡镇联合诊所。随着农村人民公社化的兴起，在联合诊所的基础上建起卫生院。卫生院成立初期条件比较简陋，人员配备和医疗设备比较落后，业务和行政上由县卫生局统一领导管理。1966 年迁址扩建，称为地段医院。1970

年，更名为商河县人民医院玉皇庙分院。2006年乡镇合并后，更名为玉皇庙中心卫生院。

玉皇庙中心卫生院位于玉皇庙镇东甄村，总占地面积8193平方米，建筑面积2982平方米，附属工程60平方米，辖区共有96个行政村，服务人口6.7万人，下辖40个卫生室，是集公共卫生、疾病预防、妇幼保健、健康教育、基本医疗、康复六位一体的一级综合性医院，为新农合报销定点医疗机构。2011年开始实行基本药物制度，全部药品实行零差价。实施标准化卫生室建设，下设的40个村卫生室全部配备和使用基本药物，取消药品加成，实行零差价销售。采取整村推进或以重点人群为主建档等形式，为辖区居民建立统一的居民健康档案，为65岁以上老年人实施年度免费体检，对高血压、糖尿病、冠心病等慢性病患者实行每年不少于4次的随访。截至2017年年底，全镇共建居民健康档案63786份，建档率95.7%；录入电子档案63786份，电子建档率95.7%。

预防接种　新中国成立前，境内只能用土法给儿童接种牛痘疫苗，且不普及。1951年后，用于预防接种的生物制品有牛痘疫苗和“百日咳、白喉、破伤风”三联疫苗。后增加卡介苗、麻疹、流脑、乙脑、伤寒、副伤寒、脊髓灰质炎、流感等共10余种菌（疫）苗，并有破伤风、白喉两种类毒素。1971—1977年，将县级疾控部门发的生物制品按人口比例发至村，由乡村诊所医生或赤脚医生接种。但由于组织不严密，常常发生漏种现象。从1978年起，境内0～15周岁的儿童、青少年全部建立预防接种卡，减少漏种、重种现象，给临床医生提供可靠的参考资料。从1980年开始，境内普遍实行计划免疫，将白喉、百白破、卡介苗、脊髓灰质炎、麻疹等疫苗作为7岁以下儿童的基础

玉皇庙中心卫生院

免疫制品，普遍接种，并在规定时间内接种完毕。连续两次基础免疫接种，均实现计划85%的目标。1990年春，每月21—23日实行接种。

2006年，玉皇庙中心卫生院预防接种门诊达到省级示范门诊标准。是年，流脑和乙脑疫苗接种纳入常规免疫工作。2008年，一类疫苗由2005年的8种扩大到14种。2011年，政府出资建成预防接种门诊楼，建筑面积769.56平方米，2013年购进中联管理软件，成立数字化预防接种门诊，实现候种、预检、体检、接种、留观、宣教的流程化操作。截至2017年12月31日，应建预防接种证、卡1031人，已建1031人，建证建卡率100%。同时，加强对流动人口儿童的免疫接种工作，保证居住在玉皇庙镇的流动人口儿童全部实现接种免疫。

传染病防治及突发公共卫生事件报告处理　新中国成立前，境内的流行病、地方病发病频繁，疾病发生后，由于经济落后、卫生条件差，多数人无钱医治，致使疫情不断扩散。新中国成立后，改善卫生环境，加强预防工作，有效控制流行病、地方病的发生和传播，境内无大面积流行病、地方病暴发记载。20世纪90年代，建立传染病疫情报告管理制度，落实专人负责传染病疫情网络直报工作，每年制订传染病防治工作计划，按规定配备专业的预防保健人员，承担职责范围内的卫生防疫工作。2006年，中心卫生院配备网络直报专用微机，全县范围内启用传染病检测网络直报。同时，卫生院严格落实控制院内感染、医源性感染、疫情登记和报告制度，准确率达100%；开设肠道门诊专区、发热病人就诊专区等特殊治疗场所。

截至2017年12月31日，网络直报传染病18例，传染病及时报告率、审核率均达100%；无甲类传染病、突发公共卫生事件和传染病漏报情况发生。

妇幼保健　新中国成立前，境内没有专业的接生技术人员，产妇分娩多由老年妇女帮助料理，婴儿死亡率较高。新中国成立后，上级卫生部门大力宣传和推广新法接生，玉皇庙培养了一批年轻的接生员。20世纪90年代，产妇尽到医院分娩，产妇安全，婴儿健康。1991年，启动儿童健康档案管理工作；2008年，中心卫生院配齐儿童查体设备，与计划免疫冷链运转相结合，开展0～3岁儿童健康查体工作。

爱国卫生　1956—1958年，在上级爱卫会的领导下，境内掀起“除四害”（苍蝇、蚊子、老鼠、麻雀，后来麻雀改为臭虫）运动。1982年，在全境内开展“五讲四美”活动，治理脏、乱、差。进入20世纪90年代后，爱国卫生制度日趋完善，开展各类检查评比活动。2005年商河县行政区划调整后，玉皇庙镇党委、政府每年把环境卫生整治工作经费列入财政预算，建立递增机制，对乡镇主要街道进行重新规划，新建玉园湖公园、土马河生态园和市民文化广场，加大绿化面积。每年有计划地动员各个单位的干部职工义务上街打扫卫生。

公费医疗　1952年，全县国家干部、全民所有制职工实行公费医疗。1953年，县组成公费医疗预防实施管理委员会，经费列入国家财政预算，由县卫生科统一掌握使用，个人凭单据报销药费。1955年7月，改为就医人员一律持公费医疗证，在玉皇庙镇的公职人员持证前往指定的医疗单位就诊，有危难病症者可遵照转诊手续到其他医院治疗。1964年实行新的管理方法，将每人每月1.30元的定额划为两部分，0.80元作为门诊就医用，0.50元作为住院医疗费用，年终结余调剂使用。凡需住院者，须先由医生提出意见，卫生局介绍，其住院费由卫生局直接与医院结算，但药费超支问题仍未得到解决。1978年，每人年药费额由原来的19.20元提高到30元。20世纪80年代，逐步改为限额报销或将部分药费随工资发给职工本人，住院费仍由卫生局统一管理。1988年，国家开始对机关及事业单位的公费医疗制度进行改革。1998年，国务院颁布《关于建立城镇职工基本医疗保险制度的决定》。至2005年，玉皇庙镇机关及事业单位职工全部纳入医疗保险。

农村合作医疗　1959年，商河县在全县农村普遍推行合作医疗，但因集体经济脆弱而终止。1969年开始实行社办合作医疗制度，社员每人每年交款1.1元，由公社统一按季拨给卫生院。群众到医院就医，交5分钱的挂号费即可看病取药。玉皇庙公社、亓家

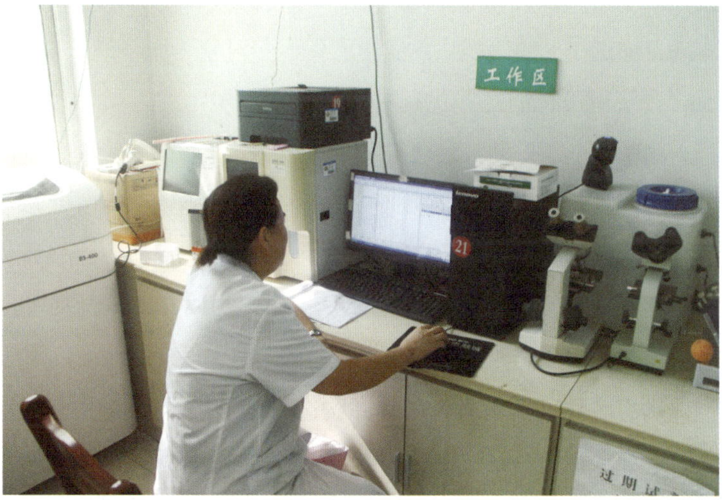

卫生院医护人员工作区

公社（后来改为杨庄铺公社）都推行以队办为主的合作医疗制度。是年 8 月，村村建立医疗站，社员按人口均摊合作医疗基金，每人每年 2 ~ 5 元，由生产队统一管理使用，个人只出 5 分钱的诊费。但由于生产队经济基础薄弱，资金筹措困难，再加管理不善，多数村队无力坚持。农村实行家庭联产承包责任制后，卫生室取代合作医疗站，合作医疗随之结束。20 世纪 90 年代进行的农村合作医疗也未成功。

新型农村合作医疗　2006 年，商河县被列为省级新型农村合作医疗试点县，合作医疗制度在全县推行。玉皇庙街道成立新农合办公室，自愿参加合作医疗者，每人每年缴纳 10 元合作医疗经费，采取以户为单位缴纳，以村为单位收集，以乡镇为单位统一汇总的办法进行，筹集资金全部上交县合作医疗办公室，存入财政专户。2006 年，玉皇庙中心卫生院被设为乡镇级定点医疗机构。2011 年开始，玉皇庙镇新型农村合作医疗办理工作由镇民政所负责。2014 年 9 月 25 日，济南市政府办公厅下发《济南市居民基本医疗保险实施办法》，自 2015 年 1 月 1 日起开始施行，济南市城镇居民医保与新型农村合作医疗保险制度实现全面整合，新农合退出历史舞台。

居民医保　所面对的是具有济南市户籍非从业人员，包括在城镇居住的居民和在农村居住的居民，而在校学生不受户籍限制，均可参加济南市居民医疗保险。玉皇庙镇自 2016 年起，由人力资源和社会保障服务中心负责居民基本医疗保险业务办理工作。其个人缴费标准不断调整，成年居民二档缴费 2016 年调整为每人每年 140 元；2017 年，儿童缴费每人每年调整为 100 元；到 2018 年，居民个人缴费标准为少年儿童每人每年 140 元；成年居民缴费标准分为两档，一档为每人每年 300 元，二档为每人每年 200 元，由本人自愿选择。重度残疾、农村五保供养对象、城乡最低生活保障对象等困难人员，以及符合济南市抚恤定补优抚对象医疗保障规定的人员个人免缴费。建档立卡的贫困人口，由政府全额补助。至 2017 年年底，参保率保持在 98% 以上。

健康扶贫　工作由玉皇庙中心卫生院负责，自 2016 年启动以后，根据《商河县医疗精准扶贫实施办法》，逐一落实各项任务。全镇 1998 名贫困人口，2016 年年底已全部按照“八个一”工程完成签订服务协议书。2017 年，结合基本公共卫生服务项目的开展，对 204 名大病分类救治贫困人口进行老年人查体活动；同时安排辖区内乡村医生对 8 种慢性病患者用药需求进行统计并购进，满足贫困患者用药需求。同时，完成 0 ~ 60 岁失能人员认定和补贴发放。

体育　学校体育　清光绪三十二年（1906）后，境内师范学堂始有田径、球类等体育活动。1936 年，境内县立官口寺小学（位于段家及纪家、塔坡之间）建有操场，开展篮球、网球、排球及田径活动。新中国成立之后，学校除每周两节体育课外，常年坚持早操、课间操和课外活动。中学和完全小学普遍建立体育锻炼小组，按照学生体育专长进行业余训练。从 1954 年开始，商河县中、小学普遍推行国家体委、教育部等 5 个部委联合发布的少年儿童广播体操，全镇小学二年级以上及初中学生人人会做，天天坚持。

1991 年，玉皇庙镇学校开展各类体育教学、课外活动、课余体育锻炼和体育竞赛。1992 年，全镇学校群体活动全面展开。2007 年，全县中小学开始进行中小学生体质健康监测。至 2010 年年底，全镇学生体质健康水平逐年上升，达标率在 95% 以上。1991—2010 年，在全县中小学先后推行第七套、第八套广播体操以及第一套、第二套学生系列广播体操，其间推行学生健美操韵律操，玉皇庙镇全体中小学也随之全面展开。同时开展“非遗进校园”活动，玉皇庙中学、玉皇庙中心小学、育才小学、中心幼儿园进行鼓子秧歌教学。2017 年，玉皇庙中学、玉皇庙中心小学分别修建 1446.4 平方米和 1235.2 平方米的综合艺体馆。玉皇庙中学每年在校举办春季和秋季运动会。

群众体育　玉皇庙镇域内有群众习武的历史传统。每到冬闲，较大的村庄设有拳房，拜师收徒，传武授艺。每逢元宵节，各武术队随鼓子秧歌串村演练。新中国成立后，各机关、学校利用节庆日开展群众性体育活动、民间武术活动。1991 年后，玉皇庙镇逐步完善各类体育设施。2010 年建成玉园湖公园，2012 年建成土马河生态园，2016 年开始建设市民文化广场。至 2017 年年底，96 个行政村安装包括篮球架、乒乓

2016 年，商河县绿色骑行节在玉皇镇举行开幕式

球台、压腿器、漫步机、单杠等器材的健身路径和文体广场。村村建有舞蹈队和鼓子秧歌队。

玉皇武校成立于1993年6月，多名武校学生曾在世界、全国及省市重大比赛中取得优异成绩。2006年3月，武校解散。2016年重建新校，以假期培训为主。

体育竞赛　1951年5月1—5日，商河县首届学生运动会在商河中学操场举行，玉皇庙完全小学代表队参加比赛。1966年“文化大革命”开始，体育竞赛被搁置，直到1971年才恢复。1980年后，逐渐增加职工、农民、老年人、幼儿等竞赛活动。1997年，在商河县举办的全民运动会上，玉皇庙镇代表队获第一名。2000年，原玉皇庙中学在商河县举办的中学生运动会上获第一名。2008年，原玉皇庙中学、杨庄铺中学合并为新的玉皇庙中学，在商河县2011年中小学生运动会上，初中组获团体总分第三名；在2012年商河县中小学生田径运动会上，初中组获团体总分第一名，并代表商河县参加济南市第三届青少年运动会。2011年，杨庄铺小学参加商河县羽毛球联赛获团体总分第一名。2012年，杨庄铺小学参加商河县羽毛球联赛获团体总分第二名。2012年，玉皇庙镇小学组获商河县田径联赛第一名。2013年，玉皇庙镇小学组获商河县田径联赛第一名。2014年，杨庄铺小学代表商河县参加济南市田径联赛，其中男子跳远获第三名。

扶贫脱贫　玉皇庙镇原有许家寺、富常等12个市级贫困村，贫困人口1526户、3467人。自2014年起，玉皇庙镇实行企业定点帮扶贫困村。至2016年年底，共有40余家企业参与就业扶贫，使290名贫困人口实现年人均收入26400元。玉皇庙镇利用专项产业扶贫资金以投资形式注资保农仓合作社，引导史庄、河沟、董家等蔬菜种植专业村在玉润千亩蔬菜示范园区统一建设高标准蔬菜大棚。合作社按照8%分红模式，每年返还资金16万元；并优先吸纳有劳动能力、懂技术的贫困人口到园区打工，项目覆盖50个非贫困村的贫困户153户、280人，年户均增收1045元，人均增收570元。2016年，建成齐家、演武、纪家等小型光伏电站12个，预计实现年村均增收5.5万元，其中70%的资金用于贫困户收益分配，年户均增收750元。2017年，镇里把朱洼、国家、演武、杨广坞等8个村的产业扶贫项目资金进行整合，在镇中学和中心小学楼顶建设中型光伏电站，实现年村均增收4万元，年户均增收650元。2016年，镇政府补助50%，为全镇13291名农户投保家庭财产治安保险，为23户村民办理理赔业务，赔付资金3.5万元。2017年，扩大公益性岗位数量，在小区物业、光伏电站维护等方面设立公益性岗位，吸纳100名贫困人口就业，实现人均增收1万元。

2014 年，玉皇庙镇脱贫 605 户、1227 人。2015 年，脱贫 319 户、1192 人。2016 年，脱贫 530 户、1207 人，许家寺村、富常村、国家村、朱家洼村、演武屯村、齐家村退出贫困村。2017 年，脱贫 150 户、272 人，新董家村、亓家村、瓦东村、前昝家村、杨广坞村、纪家村退出贫困村。

供养服务 2006 年 7 月，原杨庄铺乡政府大院改建为玉皇庙镇中心敬老院，占地面积 40 亩。2017 年年底，敬老院有床位 75 个、入住院民 46 人，办公室、医务室、娱乐室、康复训练室等科室配套齐全。敬老院是“全省模范五保供养服务机构”“山东省一级五保供养服务机构”，也是山东省政法学院社会实践基地。同时，为院民办理新农合。2017 年，城镇最低生活保障户 13 户、13 人，农村最低生活保障户 1553 户、2012 人，五保户 101 人（其中，集中供养 46 人、分散供养 55 人），设有柳官庄、鞋里坞、朱家洼、王尔玉等 17 个幸福院，1 个慈善分会。

精神文明建设 自古以来，玉皇庙镇就有崇孝尚德的优良传统。新中国成立后，历届党委、政府始终坚持“两个文明”一起抓；特别是进入 21 世纪以后，该镇先后在 96 个村全面开展“好婆婆、好媳妇、好孝子、好家风”和“五星文明户”“善行义举四德榜”“玉皇庙好人”等评选表彰活动，对生活中涌现出的典型进行表彰。广泛开展“出彩人家”创建活动，挖掘弘扬优秀家风家训进行宣传引导。完善村规民约。发放张贴《倡议书》《承诺书》和文明问卷，发动群众开展讨论、征集意见，做到规章制度上墙，实现全镇 96 个村村规民约全覆盖，用三字经、顺口溜等形式提升村规民约的知晓率和流传度，引导群众自我教育、自我管理、自我服务、自我提高，自觉破除陈规陋习，形成社会共识。推进移风易俗。明确创建标准倡导喜事新办，杜绝讲奢华、互攀比、爱招

玉皇庙镇中心敬老院

敬老院老人的娱乐生活

精神文明建设宣传栏

摇的婚事，人情往来上每人不超过 50 元，婚礼宴席不超过 10 桌，迎亲车队不超 6 辆等；倡导丧事简办，在大张、玉南等村（社区）建设祠堂，改谢孝回烟为三鞠躬，雇唢呐改放哀乐，穿白改戴黑纱，不焚烧纸草，形成厚养薄葬、文明节俭的丧葬新风。

2018 年，玉皇庙镇被确定为济南市新时代文明实践中心建设试点镇。3 月 4 日，玉皇庙镇召开全国文明镇誓师大会，并在县文明办的支持下组织各村负责人外出参观学习，先后赴江苏省张家港市、南通市、盐城市等先进地区学习创建经验，为全镇精神文明建设和全国文明镇创建工作奠定良好基础。

新城镇建设

玉皇庙镇自古以来庙宇建筑众多，但受经济条件所限，镇村基础设施简陋，民居建设也较落后。中共十一届三中全会后，随着改革开放的不断深入，镇村基础设施建设开始迈开步伐。到 20 世纪末，镇村面貌焕然一新。

1994 年，玉皇庙镇被中共济南市委、市政府确定为“百新镇”；1997 年，被中共山东省委、省政府评为山东省小城镇建设新型乡镇；是年，杨庄铺乡驻地搬迁到省道 240 线附近新董家村，小城镇建设起步；2000 年，玉皇庙镇被确定为山东省中心镇；2004 年被确定为全国重点镇。2005 年 11 月，机构改革后的玉皇庙镇围绕打造“县域次中心和县城南部经济增长极”的思路，坚定“工业重镇、特色城镇、农业强镇”发展理念，突出“民生服务”主题，大力推进城乡一体化，实现城乡改革发展成果共享。2012 年，被山东省政府确定为全省“百镇建设示范行动”（第一批）示范镇、全省农村住房建设与危房改造工作先进乡镇。2014 年，被住房和城乡建设部、国家发改委、财政部、国土资源部、农业部、民政部、科学技术部等部委再次评为全国重点镇。2017 年 8 月，被住房和城乡建设部评为全国特色小镇，成为济南市首个全国特色小镇。

镇域规划

规划纵览 新中国成立初期，百废待兴，玉皇庙镇区没有统一规划。二十世纪六七十年代，镇加工厂、供销社逐步增加。1972 年，大岭农场所属的玉皇庙、西瓦、南辛村的 3 个小队移交胜利油田，改建为油田农场，之后修筑沥青路专线和工人及家属居民点，促进当地城镇建设的发展。20 世纪 90 年代，城镇建设步伐进一步加快。至 21 世纪，中共中央提出建设社会主义新农村的重大历史任务，玉皇庙镇城镇化建设掀开新篇章。2006 年 8 月，《济南都市圈规划》通过专家评审确认商河作为外围制造业聚集区之一，作为商河县的重点镇、中心镇，玉皇庙镇成为商河县现代制造业、物流积聚发展的基地之一。2007 年，玉皇庙镇委托山东省城乡规划设计研究院编制《玉皇庙镇总体规划》，主题定位为“人文新区、生态家园”。规划按照“一主一副两中心、两廊东西渗透”的结构布局，形成科学合理的城镇功能布局。2008 年，聘请青岛建筑设计研究院对城镇商住区进行综合设计。2010 年，委托浙江大学对镇政府驻地核心区进行城市设计。以生态绿都和乐活生活为城市设计理念，将城市结构规划为“一丝飘带、一条主轴、三大舞台、三类住区”。2010 年 10 月，聘请山东师范大学人口资源与环境学院对镇辖区域全部进行环境总体规划。从水环境综合整治规划等 7 个方面对玉皇庙镇的环境进行总体评价、分析和预测，并提出具体规划实施方案。2011 年 5 月，聘请陕西绿源地热能源开发有限公司对玉皇庙镇地热开发利用进行总体规划。2012 年，结合新形势新任务新要求，委托山东省城乡规划设计研究院对《玉皇庙镇总体规划》进行修编。2015 年，委托山东省城乡规划设计研究院对《玉皇庙镇总体规划》进行重新修编。2017 年，玉皇庙镇入选全国特色小镇。2018 年 8 月，重新修编的《玉皇庙镇总体规划》获得审批通过，规划期限远景至 2030 年。规划依托商河县中心城和经济开发区的带动作用，远景发展为商河县城的南部工业组团，疏解中心城区产业项目；依托高速出入口，发展商贸市场，搞活流通产业；加强基础设施建设，强化经济发展的支撑能力。

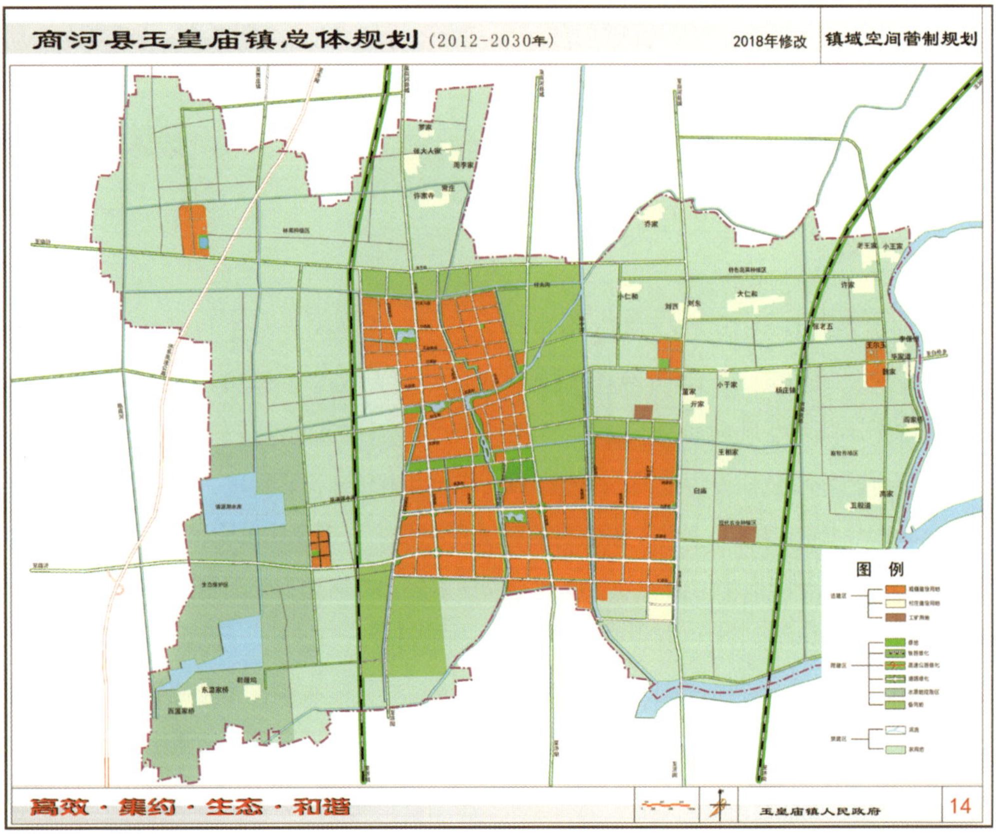

商河县玉皇庙镇总体规划图（2012—2030 年）

玉皇庙镇街道

基础设施建设

道路建设　玉皇庙镇境内传统的村庄街道多为东西走向的一字形，较大的村庄有2～3条东西街道，也有少数大村庄既有东西街，又有南北街，两街相交成十字。新中国成立前，各村街道均不甚平直且狭窄，一般4～5米；街道两侧与之垂直的小巷是胡同（较狭窄的胡同称过道），胡同内的住户数目多少不等，有的胡同不能两头通行（称死胡同）。新中国成立后，随着村庄规划的逐步推进，大部分村庄实现街道平坦、胡同宽整、路旁绿化；为便于排水，街道低于宅基，一般宽10米左右，宽者可达20余米，所居户数也大致相同。较小的村庄只在街道一旁设胡同，另一侧只有零星房屋，此称之为单面街。玉皇庙镇形成“一环五纵十横”道路总体框架，总里程35.7千米。“一环”为玉皇东路—白玉路—玉皇西路—黄齐路，“五纵”为玉皇东路、玉凯路、玉湖路、玉

玉皇路

皇路、玉皇西路，“十横”为黄齐路、力诺路、兴业街、兴源街、府前街、玉园街、白玉路、清源街、力源街、科源街。其中，玉皇路原名玉皇大道，南起县经济开发区科源街，北至黄齐路。1999 年，玉皇大道竣工通车，实现了“道平、灯亮、街绿、花香”。2014 年，进行改造提升，全长 3940 米，宽 22 米，两侧人行道板各 7 米，绿化 2 米，安装路灯 131 盏。

供水供电　2005 年，玉皇庙镇投资 1000 多万元，建设各占 7 亩的玉皇庙、张老

开源水厂

五 2 个水厂，并分别修建 4 间办公室、2 间配电室、4 间仓库和 200 平方米的泵房，打 10 口深井，铺设供水管道 10 万余米。2006 年，66 个村的 4 万多名群众用上自来水。2011 年，玉皇庙镇对 200 千米的供水管网进行升级改造，与开源水厂管网对接，把优质黄河水引进千家万户，全镇 96 个行政村、工商企业、机关学校、镇区居民实现 24 小时供水，自来水通村率、入户率均达 100%，6 万多名群众结束了饮用地下苦咸水、高氟水的历史。

1977 年 3 月，玉皇庙供电站建成。1997 年，玉皇庙供电站供电量 36.7 万千瓦时，线损率 8%。1999 年 11 月至 2001 年年底，玉皇庙供电所、杨庄铺供电所对辖区实施农网改造，解决设备老化、超负荷、供电半径长、线路过细、低电压等突出问题，供电可靠率、电压合格率均达到商河县供电公司要求，供电网络运行质量明显提高，群众用上高质量的“安全电”“放心电”。2001 年 8 月，玉皇庙 35 千伏变电站竣工投入运行，变电总容量 2×32000 千伏安，设有 15 个间隔，7 路出线，为玉皇庙主要工业用户提供生产、生活用电。2002 年 12 月 27 日，35 千伏双龙变电站竣工投入使用，是商河县供电公司专为玉皇庙开发区设计建设的工业变电站，设有 13 个间隔，5 路出线，为玉皇庙开发区内的工业用户供电。2005 年 12 月，根据商河县乡镇行政区划改革方案，对供电所实行改革，保留玉皇庙供电所，撤销杨庄铺供电所，原杨庄铺乡、商河开发区的供用电由玉皇庙供电所管理。2007 年，玉皇庙供电所供电量完成 1845.65 万千瓦时，线损率

双龙变电站一角

3.3%。2010 年 11 月 30 日，位于商河县开发区的 110 千伏开玉变电站竣工投运。2013 年年底，玉皇庙供电所辖区全部台区户表改造完成，所有电表更换为智能远程费控电能表，实现远程抄表、收费、停送电功能。2017 年，玉皇庙供电所供电量完成 1.56 亿千瓦时，线损率 0.01%。2018 年，自 110 千伏开玉变电站新出线的 10 千伏高速Ⅰ线、高速Ⅱ线、开西Ⅰ线、开西Ⅱ线新建工程竣工，完成组织验收、送电申请、线路设备台账、维护等工作，负责新出线路送电后的运行管理工作。

燃气供暖 玉皇庙镇居民使用液化石油气始于 20 世纪 80 年代。20 世纪 90 年代，依托当地资源优势，镇区居民开始使用天然气。全县管道天然气始于 2003 年，来源为陕甘宁川庆（油）气田，长输管道为中国石油天然气集团总公司天然气入户“沧淄线”（河北沧州至山东淄博），商河天然气支线开口于惠民清管站，沿国道 340 线建设“惠—商线”（Φ219 毫米）至商河，境内共设阀室 4 座，其中玉皇庙镇 1 座。

玉皇庙镇区主要采取地热集中供暖、分布式新能源采暖制冷系统供暖。2011 年 5 月，玉皇庙镇建设玉皇庙裕都换热站，为 1 站 4 井配置，由中石化绿源地热能（山东）开发有限公司商河分公司承建，2011 年 11 月建设完成。井与换热站之间通过 DN200 的管道相连，铺设管道 21 千米。地热井建设采用石油行业标准，地热井及井与站房之间的管道均采用石油套管材质的管道，成井质量好，使用寿命长。玉皇庙裕都换热站总计为玉苑社区、裕都温泉花城小区、宝青幸福里小区、镇中心小学、幼儿园等 5 家社区、单位提供供暖服务，实现供暖面积 15.32 万平方米。2012—2017 年，累计供暖 6 个采暖季，用户室内平均温度可达 22℃。为保护地热资源供暖的可持续发展，在运营期间坚持进行

全县农村冬季清洁取暖现场观摩会在玉皇庙镇召开

地热水回灌作业，坚持边开采边回灌的原则，实现地热资源可持续利用。2015 年 10 月，玉皇庙镇实施驻地绿色建筑示范片区项目，分布式新能源采暖制冷系统是该项目的组成部分。使用分布式新能源采暖制冷系统对政府机关、敬老院、玉皇庙中学进行冬季取暖夏季制冷。系统原理采用超低温空气源热泵为热源，末端采用小温差风机盘管（采暖 + 制冷），实现低噪声、低能耗、高能效分布式采暖，采用 PLC 远程智能监控系统。该系统使用的超低温热泵冷暖机可以在 −25℃下正常运行，能效比达 2.2 以上，标准工况下采暖功率 76 千瓦，制冷功率 66 千瓦，运行过程中绿色环保无污染；运行费用为燃气采暖的 50% ~ 60%，为电采暖的 30% ~ 40%，可节约运行费用 60% 以上。

社区建设

玉皇庙镇以“农业生产现代化、农民居住社区化、农村生活城市化”为基点，按照“规划先行、建设集约、因地制宜、群众自愿”的原则，采取“政府主导、两委协助、群众参与、市场运作”的模式，积极稳妥推进社区建设，加快城镇化进程。至 2017 年年底，玉皇庙镇建成区面积 9.07 平方千米，镇区人口 28830 人，城镇化率 36%。主要包括以下社区：

玉南社区　商河县首批新型农村社区建设的试点之一，属于土地增减挂钩项目，位于山东商河经济开发区汇源街以南 150 米、省道 240 线以西 50 米，规划面积 318.7 亩。其中，一期工程建设 11 栋 270 套住宅楼，总面积 3.58 万平方米，安置柳官庄村 229 个家庭户，于 2012 年 10 月完成搬迁入住。二期工程建设 30 栋 820 套住宅楼，总面积 10.94 万平方米，于 2013 年 11 月完成搬迁入住。社区服务中心、商业服务中心、学校、

玉南社区入口

玉南社区居民楼

玉皇庙镇社区

幼儿园、养老公寓、卫生室、文化广场等辅助设施同步推进。2017 年 12 月 22 日，民政部将首批全国农村幸福社区建设示范单位名单面向社会公示，玉南社区榜上有名。该社区是济南市唯一入选的社区。

玉苑社区 位于镇驻地，以镇中村改造为主，属于新型农村社区。2010 年 3 月，玉西、玉东村第一次搬迁，其中玉西村搬迁 97 户，玉东村搬迁 32 户，4 月全部拆迁完毕。回迁房一期工程于 2010 年 8 月开工，共建设 5 幢、200 套安置房。2011 年年底，居民搬迁入住。2013 年 4 月，玉西村第二次搬迁，共搬迁 125 户（包含土马河生态园修建搬迁玉东村 8 户），当月搬迁户房屋主体全部拆完并搬迁入住玉苑小区。玉苑社区二期工程于 2013 年 4 月开工，共建设 27 幢楼 748 套房。2014 年 10 月，居民搬迁入住。2017 年 7 月，玉东第二次搬迁，共 273 户。为解决玉东群众在外租房的不方便问题，镇党委、政府于 2018 年元旦为每户分 1 套住房。其余房屋于 2018 年 8 月全部交房。至此，玉西、玉东两村历经八年半时间，全部完成改造，玉苑社区建设完成。

村居建设

新中国成立前，玉皇庙镇由于农业生产发展缓慢，经济比较落后，农村建设受到制约。农民多土木建屋，住房门矮窗小，每屋 3 间，只留两窗，又不能自由开放，空气不易流通，院落狭窄，居住条件较差。新中国成立初期，国民经济处于恢复时期，农村建设仍旧受到影响，呈无规划自然发展状态。1960—1962 年，连续 3 年的涝灾使农村房屋遭到巨大毁坏，房屋倒塌将近一半，农民住房比较困难。1965 年后，随着农业生产的

玉皇庙镇农民新房

好转，农村建设有新的发展，但是标准还比较低。1976 年，前昝家村率先在全镇开始新村规划建设，随后其他村陆续进行新村规划建设，所建房屋仍以土坯居多，部分为砖瓦起脊房。1980 年后，农村建设进一步发展，全镇 70% 以上的村庄实行统一规划，街道宽阔平坦，房屋整齐宽敞，院落标准一致。富裕的农民盖起砖、瓦结构的尖顶房。1991 年后，玉皇庙镇农村经济发展迅速，村庄建设步伐加快，房屋逐步由原来的土房、砖土混房改建为砖瓦房。

院落 新中国成立前，农村院落因其条件不同而各异，面积悬殊较大，普通农户为 150 ~ 200 平方米；而地主富农院落为 500 ~ 1500 平方米，无论面积大小，都讲究四合院，即北屋南屋各 3 间，东西屋各 3 间，南屋带大门、东西屋带角门不一，多一家三代居住一宅，崇尚四代居一宅，谓“四世同堂”；一般进外门即可进入院内；大地主或有权势的人家讲究深宅大院，或院中院，一般都有坐北朝南的大门、二门或三门。凡不是四合院者，一般都有北屋；大门在院落的东南角或西南角，如门前有湾塘、大路或开阔地，则在门内或门外垒一影壁墙。自 20 世纪 80 年代开始，镇内大部分村庄逐步实行宅基规划，最大的户均 500 平方米，最小的户均 300 平方米；院落的布局从此逐步演变，角门普遍加宽，一般能驶进地排车，个别能开进拖拉机，其建筑标准也越来越高，大部分为砖石、水泥、沙灰结构，高级的门楼是水刷石或贴瓷瓦和马赛克。

公园广场

玉园湖公园 玉皇庙镇 2010 年实施的重点城镇建设项目，面积 18.25 公顷，坚持

“乔灌结合、层峦叠嶂”的原则，种植乔木1万余株，灌木1500余平方米，草坪8956平方米，绿化苗木品种85个，绿化面积12万平方米。广场、园区道路铺装面积6万平方米，建水景驳岸2000米，地面停车位面积5000平方米，喷灌系统1万米，景观照明200盏。2010年9月30日，公园正式对居民开放。公园有生态植物区、文化健身区、市民广场区、滨水健身区、水上观光区、林间步道6大景观功能区。

2011年，玉园湖公园被评为商河新八景之一“玉苑春晓”。2018年6月，对玉园湖

水畔家园

公园进行改造提升。在公园中部修建玉皇庙地标，于 2018 年 9 月建成，正对市民文化广场，主要由蓝黄两色组成，正面刻有玉皇庙赋，其余三面刻有玉皇庙镇所获荣誉称号；该地标高 15.349 米，代表玉皇庙镇 153.49 平方千米的面积。在公园西南侧的湖心小岛中央修建玉皇阁，高 12 米，宽 6.4 米；该建筑每侧由 4 根红色的圆柱，共 12 根红色的圆柱支撑，为悬空建筑；建筑主要由红色、黄色、绿色组成，上面画有荷花、仙鹤、迎客松等植物，寓意玉皇庙镇人民五谷丰登、吉祥安康。

玉园湖公园一角

土马河生态园一角

土马河生态园 系玉皇庙镇2012年实施的“十大民生”工程之一。该项目由青岛市建筑设计研究院集团股份有限公司设计，规划总用地面积13.1万平方米，其中水域面积为5万平方米，陆地面积为8.1万平方米。新建广场8个，湖心岛1处，景观桥4

土马河生态园夜景

座，观景亭2处，沙滩6000平方米。河道南北长500米，东西长525米。建设广场8个，管理房1处。

市民文化广场　该广场是玉皇庙镇中心区城市设计的中心部位，2016年10月开工建设，总占地面积4.3731万平方米，其中绿化2万平方米、铺装2.1万平方米。广场分为“春、夏、秋、冬”四园，春园寓意“春风化雨润彩虹”，夏园展示“夏荫漾波观莲蓉”，秋园赋予“秋叶银杏飞霜月”，冬园凝聚“冬衣雪石望白松”。

文化设施　玉皇庙文化中心位于白玉路的北侧，玉园湖公园的东南角，左邻水景御苑小区，前与玉皇庙中学相望，是玉皇庙镇重点打造的主要文化设施。2012年春季开工建设，2013年10月落成，总投资2000多万元，是玉皇庙镇的一大文化地标、全省一级

玉皇庙文化中心　　刘佳慧　摄

文化站。该文化中心由青岛市建筑设计研究院集团股份有限公司设计，整个文化中心占地面积 2667 平方米，总建筑面积 4653.55 平方米，分 3 层，局部 4 层，18.6 米高，内设图书馆、信息苑、健身活动室、展览室等设施。内部有中央空调、电梯、LED 显示屏等设施。2017 年，依托文化中心引进山东砚田教育科技有限公司，建设开通清华大学数字图书馆，为当地少年儿童和学生们提供网上阅读平台。

管理服务

政府机关　机关办公地址最早设于玉皇庙公社驻地玉皇庙村东（即玉东村，今胜开世纪城东南部区域），办公用房为土地改革后的公用平房。1964 年后农业收成较好，公社驻地面积逐渐扩大，房屋标准也有提高。镇政府于 1978 年 5 月入驻玉西村。1982 年，在玉皇庙村西（即玉西村西首，今政府机关生活区）设玉皇庙公社大院，占地 23334 平方米，平房 110 间，建筑面积 1750 平方米。1990 年，驻地面积 200 公顷，居民 2000 多人，有 3 条主要街道，全长 3 千米，为沥青路面。镇直镇企单位 17 个，占地 80 公顷，共有房屋 895 间，建筑面积 14500 平方米，绿化面积 50 万平方米，有影院、剧院各 1 家。1993 年 5 月 1 日，镇政府办公地点迁至玉皇路与府前街十字路口东北角，其办公大楼为 4 层建筑，面积 2600 平方米。原政府机关大院随之改为机关干部生活区，2017 年进行商业规划开发。

供销社　1950 年，建立商河县供销合作社玉皇庙区联社。1983 年 7 月，玉皇庙供

镇政府办公楼

销社召开第四届社员代表大会，全面推行经营承包责任制。2003 年 9 月，玉皇庙和杨庄铺 2 个供销社依法破产，分别解除债务包袱 471 万元、702 万元，全员解除劳动合同。2006 年，县供销社对破产企业进行重组改建，2 个破产供销社相继组建玉皇庙农贸供销合作社有限公司、杨庄铺农贸供销合作社有限公司。2010 年，新建商河县供销合作社日用品超市——玉皇庙直营店。

环保生态

环保治理

1989 年 4 月，镇环保办成立，实行镇、办事处、村三级网格化监管，编制镇域环境规划和园区规划环评，聘请县环保局专家督导等措施，使域内空气、水、声等环境质量明显改善。

工业污染防治 玉皇庙镇严格项目审批，严禁高污染、高耗能、高排放企业落地，严格执行环境影响评估制度和“三同时”制度，严厉取缔不符合环保要求的“小散乱污”企业。至 2017 年，民营产业园内 60 余家企业污染防治设施 100% 达标并运行良好。

扬尘污染防治 全镇建立扬尘污染防治落实情况“一周一调度、半月一考评、一月一通报”监管机制，对未有效实施监管的相关部门和管区进行问责，对未落实扬尘管控的施工单位采取挂牌、处罚、曝光、列入黑名单等强硬措施，高标准管理全镇建设工程、未利用地综合开发项目工程、道路等扬尘污染重点源头。

能源污染防治 玉皇庙镇推广利用天然气、煤气、液化气、沼气、太阳能等清洁能源，燃煤锅炉全部改造提升。2018 年 2 月，玉皇庙镇许家寺村“煤改电”项目正式建成并投入使用，项目由力诺瑞特公司提供产品和技术支持，这是济南市的第一个农村“煤改电”清洁取暖无煤化示范项目。许家寺村、董家村的清洁能源取暖、节能减排工作走在全县前列。

污水处理厂水质观测井

农业源污染防治 玉皇庙镇加大秸秆综合利用宣传，组织玉泉生物等新能源企业开展秸秆回收工作，秸秆禁烧成效显著。2017 年，积极落实粪污资源化利用政策，20 余家养殖场全部环保达标。至 2018 年 3 月，玉皇庙镇多次名列济南市 141 个街镇中空气质量最好的 20 个街镇之一。

污水处理 玉皇庙镇强化对流经境内的商西河、商中河、土马河、徒骇河等水体保护，确保镇区水质安全。镇区重点废水排放工业企业全部建立污水处理设施，养殖废水全部要求达标排放，过度使用农药、化肥现象明显减少，地表水环境稳定改善。玉皇庙镇现建有污水处理厂 1 家（与山东商河经济开发区共用）。污水处理厂位于经济开发区汇源街，东邻商中河，南与济阳县交界，一期工程于 2009 年 9 月开工，2012 年 12 月投入试生产，日处理能力 2 万千克。2015 年，建设 2 处污水提升泵站，总长 12971.8 米的镇区污水管网。镇区排水全部实施雨污分流，雨水排入商中河、土马河等境内河流及支流。生活污水经化粪池、工业废水经厂内处理后，就近排入镇区污水管网，并通过 2 座污水提升泵站，最终流入位于商中河西侧的污水处理厂。

环境噪声控制和固体废物处置 玉皇庙镇通过建设林木隔声带、机动车禁用高音喇叭等措施，加强交通噪声污染控制；通过隔声、消声、吸声、减震以及采用低噪声设备等技术手段，确保工业企业边界噪声达标排放；通过建设垃圾中转站、推行城乡环卫一体化、委托第三方处理危废等措施，开展生活垃圾、工业固废和农业固废综合整治活动。

环保管家试点 2018 年 6 月 5 日，玉皇庙镇举行 2018 年环境保护安全生产工作会议暨“环保管家”“安全生产顾问”签约仪式，并开展企业环境保护和安全生产培训。全镇60余家重点企业负责人、中介服务机构代表、县环保局和玉皇庙镇主要负责人参加会议。玉皇庙镇人民政府分别与山东三润环保科技有限公司、济南市安科安全科学技术中心签订“环保管家”服务协议和“安全生产顾问”服务协议，由这2家专业机构为全镇63家企业提供环保和安全生产方面的“管家式”服务，以专业的视角摸排企业情况，核查污染治理和安全保障设施运行状况，督促指导企业发现并排除环境风险和安全生产隐患，节约治污成本、改善治污效果、提升安全管理水平，为镇域企业安全发展、绿色发展保驾护航。这是济南市首个启动“环保管家”“安全生产顾问”行动的单位。

生态绿化 玉皇庙镇按照城镇发展总体规划的要求，科学规划城镇的造林绿地，在镇区进行景观、苗圃、组团式高标准绿化，实现镇区景观与生态共融，“休闲、娱乐、观光”一体化，多种色彩树种交相呼应的生态景观样板点。2018年，城镇绿化面积39.6万平方米，镇驻地绿化率达65%以上，人均公共绿地面积36平方米；坚持与新农村建设相结合。将造林绿化纳入新农村建设的重要内容，做到绿化与新农村建设同时规划、提前实施、早见成效。至2017年，全镇96个村按照“一村一品，一街一景，立体绿化与成片绿化相结合”的原则，都建有环村林绿化带，超过90%的村庄达到县里规定的环村林建设标准；87个村的主要街道进行高标准绿化，村内高标准绿化率达50%以上。围绕生态建设和实现全国绿化模范县创建工作目标，着重做好绿色通道建设和水系

环保管家在山东承相印刷有限公司检查指导

生态绿化。至 2017 年，镇境内 32 千米长的 1 条省道和 2 条县道两侧 100 ～ 300 米范围内，72 千米长的 7 条县属主干河流两侧堤岸 50 ～ 100 米范围内，所有乡村公路、农田路和大小沟渠两侧 20 ～ 50 米范围内全部进行片林、防护林带建设，全镇成片造林面积 81548.6 亩，林木覆盖率 51.3%，空气负氧离子含量平均在 5000 个以上。坚持与基础设施建设相结合，实行农田林网“工程造林”，全镇农田林网化率 100%。坚持与发展绿色产业相结合，20 世纪 80 年代，大力鼓励引导群众发展以苹果为主经济林。1986 年，全镇林果种植面积 7000 亩，成为当时德州地区林果大镇。至 2017 年，全镇苹果园、梨园、葡萄园、桃园等特色果园面积 560 亩。在 2018 年开始实施的集体林权制度改革中，玉皇庙成为全县林改面积最大、林改户数最多、发放林权证最多的乡镇。对辖区内“六路两河”两侧 100 米和清源湖水库围湖 50 米以内，实行工程造林，进行深度绿化。2017 年，新建成片造林 3594 亩、林带林网 7472 米、新育苗 436.1 亩。

城乡环卫一体化　2010 年，商河县着力创建国家级生态县和全国绿化模范县。玉皇庙镇采取镇村垃圾“户集、村垃圾转运站收、镇运、县处理”的方式，创新镇管理、村保洁、党员群众监督落实的“三位一体”网络格局，健全工作机制，理顺管理体制，加快配套设施建设，重点解决“垃圾围村”和农村“三大堆”问题，不断改善城乡面貌，建设生态文明乡村。2011 年，全镇 96 个村全部纳入城乡环卫一体化管理，配备保洁人员 185 人，设置垃圾箱 1170 个，配备压缩式垃圾运输车、洒水车各 1 辆，垃圾清运车 10 辆，保洁车 185 辆，垃圾清运人员 10 人。其中，玉皇庙镇垃圾中转站承担全镇 96 个

城乡环卫一体化垃圾集中清运现场

镇区绿化

行政村、镇驻地和县开发区的生活垃圾转运任务。该站于2011年3月开工，6月投入使用，总投资485万元，占地面积5000平方米，建筑面积362平方米。建有办公用房、司机休息室、职工餐厅、压缩车间、停车棚等必要的生产、生活设施和附属设施，日（8小时）压缩处理垃圾能力≥100千克。按照“户集、村收、镇运、县处理”的要求，搭建镇环卫所、办事处环卫点、村保洁员“三位一体”的城乡环卫一体化网络格局。

玉湖雨景

玻璃小镇

自1995年济南三威有限责任公司（力诺玻璃前身）落地开始，玉皇庙镇先后引进力诺新能源、飞鹤玻璃、华文玻璃等10余家玻璃相关配套企业，培育出耐热玻璃、电光源玻璃、药用玻璃、工艺玻璃四大类产业体系，形成完整的特种玻璃产业链条，玻璃产业税收亦成为玉皇庙镇财政收入的主要来源。历经20多年的发展建设，特种玻璃智造小镇的蓝图已成为现实，2017年获全国特色小镇称号。

镇

小镇缘起

1995年以前，玉皇庙镇的工业只有镇建筑公司和一个煅热厂。1995年开始，力诺玻璃落户玉皇庙，是玉皇庙镇走上工业强镇之路的标志性起步。20世纪90年代，全国玻璃工业的主要能源是天然气。这期间，玉皇庙镇廉价的天然气能源成为吸引玻璃产业落户的重要因素，三威有限责任公司（力诺玻璃的前身）落户商河成为玉皇庙玻璃小镇的发端。

“三威”奠基 力诺玻璃的前身是位于济南七里河的济南三威有限责任公司，1995年秋，济南三威有限责任公司委派申英明（现任力诺集团股份有限公司监事长）就公司增资扩产先后到青岛、滨州、东营、淄博、商河等地考察。10月8日，玉皇庙镇党委书记张林镇与济南三威有限责任公司总经理高元坤谈判，并当场签订三威落户玉皇庙的合作协议，就四项优惠政策达成共识。10月29日，济南三威有限责任公司玉皇庙分公司

三威公司诞生地——济南七里河小院

三威公司落户玉皇庙建设用地原貌

三威公司落户玉皇庙奠基仪式

举行奠基仪式，力诺集团的前身（三威公司）正式在玉皇庙镇落地。

政策护航 1995 年，全国的药用玻璃生产企业总共不到 20 座窑炉，其中以山东居多，但也仅有三四家生产企业，市场容量大，市场前景广阔，发展潜力巨大。基于这一背景，玉皇庙镇针对三威落户出台四项优惠政策：

第一，低价有偿使用土地。通过土地置换的方式，先期给三威公司提供 30 亩建设用地（当时属荒碱涝洼地），按每亩每年 10 元收取费用，之后追加到 100 亩地。

第二，无偿使用天然气。为保障三威公司生产用气，将之前镇直机关和油区群众私自接用的天然气全部掐断，专供三威公司生产。

第三，提供平价电力。用电和当地居民同价，享受老百姓生活用电待遇，差价负担由镇政府负责解决。

第四，保障优良经营环境。杜绝一切乱收费，所有收费部门未经允许禁入企业，当时上级直属单位 10 多个部门核算三威公司年收费 20 万 ~ 30 万元，全部由镇政府支付。同时，杜绝企业乱安置，所有三威公司职工由镇政府把关，附近村民进入公司工作须由

三威公司落户玉皇庙签订仪式后，相关人员合影

书记、镇长共同审核把关。

通过以上措施让企业腾出精力发展经营，严格把协议的优惠政策落到实处。

小镇发展

玉皇庙玻璃小镇的发展，经历了从企业自发投资奠定基础到县镇两级党委、政府推动迈上台阶并全面发展，至省市县三级联动促进龙头企业国际化、高端化提档升级的三大阶段，并以全国特色小镇称号的获得为新的起点。到 2019 年 10 月 17 日，山东力诺特种玻璃股份有限公司 4 号炉项目点火投产仪式和 2019 全球高端耐热玻璃峰会同日举行，玉皇庙玻璃小镇发展步入新时代更高起点。

“三威”快速起步　1995 年 10 月 29 日，济南三威有限责任公司玉皇庙分公司（力诺前身）在玉皇庙镇成立，并举行奠基仪式，玉皇庙玻璃小镇开始起步。1996 年 4 月 16 日，济南三威有限责任公司玉皇庙分公司 1 号炉点火，经过三个多月技术攻关和探索，玉皇庙分公司生产出具有高附加值的高硼硅毛坯管。10 月，鉴于对医药包装玻璃和高硼硅玻璃技术的逐步掌握，济南三威有限责任公司玉皇庙分公司 2 号炉、3 号炉工

1996 年济南三威有限责任公司玉皇庙分公司 1 号窑炉点火

程同时施工，并于12月18日实现3号炉一炉两线窑炉点火，同时和公司药包材安瓿、小瓶的生产形成一体化。1997年3月18日，济南三威有限责任公司玉皇庙分公司2号炉一炉两线生产高硼硅太阳能管窑炉点火成功，玉皇庙玻璃产业进入迅速发展新时期。1997年8月，山东三力工业集团有限公司成立，济南三威有限责任公司玉皇庙分公司相应更名为山东三力工业集团有限公司玉皇庙分公司。12月15日，该分公司通过对3号炉药包材玻璃管生产窑炉的技术总结和探索，代表国内领先水平的一炉四线窑炉点火成功。经过一段时间调试，各条线生产均十分稳定。1999年，玉皇庙分公司制瓶车间建成，玉皇庙镇因此成为亚洲最大的乙级料药用玻璃生产基地。2001年3月，济南三力工业玻璃制品有限公司更名为力诺集团有限责任公司济南分公司，企业地址仍在商河县玉皇庙镇。2001年6月8日，力诺集团有限责任公司济南分公司9号炉一炉两线火焰窑炉点火成功，开始进军玻璃压制器皿市场，迈出玉皇庙玻璃小镇结构调整第一步。

气源畅通壮基础 玉皇庙境内起初用于玻璃企业生产的天然气资源，开始是源于胜利油田在当地油井的伴生气，其特点是原油与伴生气的产量呈反向相关结构，即原油生产增多，则伴生气产量下降，伴生气产量上升则原油产量下降。2001年年底，受胜利油田生产结构调整的影响，玉皇庙境内天然气产量呈萎缩状态。针对这一紧迫形势，玉皇庙镇紧急向县委、县政府报告，以解决境内玻璃企业生产用气不足的困难。时任县委书记时文进督促县油区管理委员会主任窦卫华等有关部门单位负责人积极化解危机，在时任全国政协副主席、中华全国供销合作总社理事会主任白立忱的关心支持下，商河县与中国石油天然气股份有限公司达成供气协议，并迅速启动商河县天然气供气工程项目，从而解决了玉皇庙镇玻璃生产气源不足的根本问题。

2002年5月25日，商河县人民政府以文件形式，就关于请求给商河县输送天然气的相关事宜，致函中国石油集团，详细介绍商河县工农业生产概况和需要引进天然气的情况。报告称，商河县位于济南市以北70千米处，距沧州淄博输气管道经过的惠民县接口仅40千米，属于该管道沿线市、县范畴。架设支管道给商河输送天然气，既可使供气方实现可观的经济效益，又将对全县经济和社会发展产生积极而重大的影响。为此，请求架设管道为商河县输送天然气。中国石油集团接到申请报告后，委托新捷股份有限公司对商河县天然气综合利用的市场情况进行调查。于2002年6月19日形成《商河县天然气综合利用市场调查报告》，指出：中国石油新捷股份有限公司根据投资估算评价结果认为，修建惠民县头堡至商河县的输气管线项目基本可行，并且同意商河县政府与力诺集团以参股的形式共同修建输气管线。本着互惠互利、双赢的原则，中石油方提供气源，力诺集团（其主体单位实际就是位于玉皇庙镇境内的力诺集团有限责任公司济南分公司）提供市场，商河县政府按照有关规定给予相应的优惠政策。随后于8月26日与商河县政府签订合作意向书，9月7日与济南力诺玻璃制品有限公司和山东力诺新材料有限公司签订供气意向书，9月25日完成《商河县天然气供气工程可行性研究报告》，9月29日与力诺两公司分别签订"照付不议合同"，实施工程项目引进立项的一系列运作。9月，商河县油区管理委员会投资500万元组建商河石油天然气开发有限公司，并出资250万元，与其他两个出资方北京金捷能源投资有限公司和济南力诺集团有限公司，共同组建山东金捷燃气有限责任公司，协助投资各方，在商河县委、县政府的支持下，完成审批立项的所有相关工作。

商河县天然气供气工程管道施工建设经过充分准备，于2002年10月正式启动。该项目属于中国石油天然气股份有限公司沧淄天然气管线的支线，也是西气东输和陕京线天然气管道的延伸。气源主要来自陕西气田。工程项目分为一期工程和二期工程，总投资1.25亿元。其中，一期工程投资4470万元，输气规模为年供气量1.3亿立方米，日供气量35万立方米，建设输配站2座、输气管道2条，管线总长度65.3千米，其中惠民至商河段主干线长度为4.6千米；商河—济南力诺玻璃制品有限公司段支干线长度为10.7千米。二期工程总投资8000万元。一期工程含惠民至商河至济南力诺玻璃制品有限公司的天然气输气管道和相关设备设施的建设、安装和调试。干线设计压力4.0兆帕，输气能力为每天35.62万立方米（即每年1.3亿立方米），到达商河输配站的压力近期不低于0.7兆帕，远期不低于1.4兆帕；支线设计压力2.5兆帕，到达济南力诺玻璃制品有限公司的压力近期不低于0.6兆帕，远期不低于1.2兆帕。2002年年底，一期工程基本竣工，其间，因是年冬天属极寒天气，累计被冻土损坏5台施工挖掘机。2002年12月，力诺集团有限责任公司济南分公司更名为济南力诺玻璃制品有限公司。是年，该公司引进国际先进设备和技术，生产电光源玻壳产品，进入电光源玻璃行业。

2003年1月16日，经过两个多月的紧张施工，商河县天然气供气项目一期工程全面完成，并于当日举行中国石油商河天然气供气工程通气点火仪式，玉皇庙镇玻璃企业彻底摆脱了工业用气不足的困境，代之以高效、清洁、价廉的中石油天然气为能源的新局面，它的投入使用对玉皇庙镇玻璃产业的全面振兴，具有标志性的意义。

2003年8月，商河县委、县政府召开全县重点培植发展丝网、塑料、玻璃三大产业动员大会。会议发布了县有关部门对玻璃产业的调查，调查结果认为，除浙江的金华、浦江有规模较大的玻璃工艺品生产基地和河北的河间市以生产酱醋壶为主的基地外，当时山东省境内尚无较大规模的生产小商品的玻璃产业基地。同时指出，山东省作为旅游大省对玻璃工艺的市场需求较大，玻璃器皿以其卫生、透明、美观等优点深受消费者青睐，市场前景广阔。据此认为，商河县尤其是已有一定基础的玉皇庙镇培植发展玻璃产业前景广阔，大有可为。会议提出，要建设以玉皇庙、贾庄、胡集为中心，辐射带动周边乡镇的玻璃产业经济带，建成拥有加工业户 300 户、销售收入过 5 亿元的玻璃制品生产基地。通过制定优惠政策、加大招商力度、壮大龙头企业、建设专业市场等措施，对玉皇庙镇玻璃产业进行重点扶持。2003 年，济南华文工艺玻璃制品厂在玉皇庙镇落户。

2005 年 4 月 15 日，济南力诺玻璃制品有限公司 8-1 号窑炉建成点火。5 月 16 日，该公司 8-2 号窑炉建成点火，两台窑炉的成功投产标志着玉皇庙镇玻璃窑炉技术进入新的全电熔时期。6 月，中共山东省委书记、省人大常委会主任张高丽到济南力诺考察。2006 年 3 月，济南力诺被济南市工商行政管理局、济南市企业信用协会评为守合同重信用企业。4 月 6 日，济南力诺 11 号炉正式点火投产，玉皇庙镇开辟了国内全电熔窑炉生产压制耐热玻璃先河。5 月 5 日，济南力诺 2 号全电熔窑炉点火投产，主要生产高硼硅太阳能管。6 月，通过中国方圆认证委员会方圆认证中心“质量、环境、安全”三合一管理体系认证。12 月，力诺牌耐热玻璃器皿、力诺牌电光源用硬料玻壳被山东省名牌战略推进委员会、山东省质量技术监督局评为山东名牌产品。

2008 年 11 月，玉皇庙境内的济南力诺玻璃窑炉应用全氧燃烧节能技术项目获得济南市科技创新优秀科技项目三等奖。12 月，济南力诺获得 2008 年度全国轻工业信息化先进单位，公司董事长孙庆法、总经理杨中辰获得“全国轻工业信息化优秀领导”称号。2009 年 5 月，玉皇庙境内的济南力诺开发出新型真空保鲜盒产品。11 月 10 日，山东省日用硅酸盐工业协会第二届四次暨三届一次会员代表大会在济南召开，济南力诺玻璃制品有限公司当选为常务理事单位，公司总经理杨中辰当选为副理事长。济南力诺在中国日用玻璃协会技术玻璃专委会、中国医药包装协会玻璃容器专委会及专家委员会上获得“中国医药包装协会玻璃容器专业委员会副主任单位”称号。是年，在中国日用玻璃协会六届二次理事（会员代表）会上获得“中国日用玻璃行业功勋企业”称号，公司董事长孙庆法获得“中国日用玻璃行业功勋企业家”称号。12 月 10 日，济南力诺 9 号炉大修改建成功点火。

小镇步入新时代 2010年2月，济南力诺获“2009年中国工业行业排头兵企业”称号。4月9日，济南力诺被中国轻工业联合会列为中国轻工业日用玻璃行业十强企业。6月28日，济南力诺协办全国玻璃仪器标技委、全国玻璃容器分标技委2010年年会，济南力诺起草的《硼硅玻璃管道》被定级为国内先进水平。8月9日，济南力诺与德国JSJ公司签署战略合作仪式，实现中国医药包装产品与国际一流同步。9月26日，济南力诺玻璃制品有限公司通过高新技术企业认定。是年，济南力诺获2010年度“全国轻工业企业信息化先进单位”称号。是年，济南飞鹤玻璃工艺制品有限公司落户玉皇庙镇，工艺玻璃生产实现扩容和升级。

2012年，济南力诺实验室获得中国合格评定国家认可委员会实验室认可证书，进一步提高了国际社会对玉皇庙镇玻璃企业的信任度、认可度。是年，筹建济南力诺中性硼硅药用玻璃包装生产线项目，被列入国家产业振兴和技术改造2012年中央预算内投资项目。2013年9月，济南力诺被科技部认定为国家火炬计划重点高新技术企业。是年，济南力诺开发新成品50余种，共申报专利8项，授权4项。其中，圆形、方形保鲜盒分别获得欧盟外观专利和国内外观专利，安瓿瓶在线全自动检测设备获得实用新型专利。2014年10月5日，玉皇庙镇所属济南力诺中性硼硅药用玻璃包装生产线项目实现正常生产。是年，济南力诺被山东省科学技术厅、山东省财政厅、山东省国家税务局、山东省地方税务局认定为高新技术企业，有效期3年。公司通过GB/T23331—2012能源管理体系认证及安全生产标准化二级企业达标验收。济南力诺实现自动配料系统全覆盖，提升了公司自动化水平。是年，济南力诺被中国日用玻璃协会评为2013年度中国轻工业日用玻璃行业（日用玻璃制品）十强企业，玉皇庙镇玻璃产业在国内的行业地位受到关注。2016年10月，力诺特玻公司被中国日用玻璃协会评为耐热玻璃龙头企业称号。自2009年起，连续9年被中国日用玻璃协会评为中国日用玻璃行业十强企业。2013年，被中国日用玻璃协会评为AAA级信用企业。

2015年4月，济南力诺玻璃制品有限公司更名为山东力诺特种玻璃股份有限公司（以下简称“力诺特玻”）并沿用至今。4月16日，由力诺特玻承办的中国医药包装协会2015注射剂包装高端论坛在力诺集团召开。8月14日，力诺特玻正式在新三板上市，并在北京全国股转系统公司进行上市敲钟仪式。2016年1月15日，玉皇庙镇的力诺公司ISO15378质量管理体系通过SGS（瑞士通标标准技术服务公司）认证审核。4月20日，力诺特玻获得中国医药包装协会颁发的“75届PHARMPACK医药包装明星产

力诺特玻厂区

品奖”。6 月 12 日《证券时报》、中国风险投资研究院、中国上市公司研究院联合授予力诺公司“新三板百强企业”奖。7 月 12 日，齐鲁工业大学社会实践基地、就业见习基地落户力诺特玻。7 月 13 日，院士专家基层服务工作站落户力诺特玻。7 月 19 日，力诺特玻获“2015 年度中国轻工业日用玻璃行业十强企业”称号。9 月 5 日，力诺特玻通过知识产权管理体系认证。9 月 10 日，力诺特玻被第十一届亚洲品牌盛典授予“2016 年新三板创新品牌价值 100 强”称号，公司董事长孙庆法当选“2016 年新三板创新品牌十大杰出人物”。10 月 20 日，力诺特玻公司承办由中国日用玻璃协会主办的 2016 全球耐热餐厨玻璃研讨会，力诺特玻被中国日用玻璃协会授予“中国耐热玻璃龙头企业”称号。10 月 24 日，力诺特玻公司被全国轻工业联合会授予“十二五轻工业科技创新先进集体”称号。此后，由力诺特玻为主起草的《微波炉用玻璃托盘》国家标准（GB/T35597—2017）获得国家质检总局和国家标准化委员会颁布公告。

2017 年 2 月，力诺特玻获格兰仕“战略伙伴”称号。3 月，力诺特玻第三次获“高新技术企业”称号。5 月 23 日，力诺特玻在第四届中国玻璃行业十大品牌评选活动中获“金玻奖”十大品牌称号。5 月 26 日，玉皇庙镇上报创建特色小镇所需的全部资料，于 7 月 22 日在（北京）中国建筑设计研究院，由镇党委宣传委员冯晓燕代表玉皇庙镇政府进行现场答辩。7 月 27 日，商河县玉皇庙镇入围第二批全国特色小镇。2017 年 9 月，

力诺中硼硅车间

美国康宁公司到力诺特玻公司洽谈合作事宜。2019 年 3 月 5 日，力诺集团与美国康宁集团签订协议，美国康宁正式落户玉皇庙镇。该协议涉及的美国康宁集团中硼硅拉管线项目位于玉皇庙镇力诺路以北、玉皇东路以西，总占地面积 120.36 亩，一期占地面积为 74.97 亩，建设国内首条中硼硅拉管线。至 2019 年 5 月，项目完成地上附属物的迁占和土地环评工作。

2019 年 10 月 17 日，山东力诺特种玻璃股份有限公司 4 号炉项目点火投产仪式和 2019 全球高端耐热玻璃峰会同日举行。2019 年 12 月，玉皇庙被山东省经济学会认定为山东玻璃产业综合实力第一镇。玉皇庙镇玻璃产业发展步入新时代。

小镇玻璃艺术馆

龙头企业

力诺特玻　山东力诺特种玻璃股份有限公司（驻玉皇庙镇）是以玻璃新材料为主导产品的高新技术企业，始建于 1995 年 10 月，主要业务涵盖耐热玻璃器皿、药用玻璃包装材料两大板块。公司入驻玉皇庙镇 20 余年，累计获中国工业行业排头兵企业、中国轻工业百强企业、全国“十二五”科技创新先进集体、中国耐热玻璃龙头企业、中国轻工业日用玻璃行业十强企业、中国日用玻璃行业功勋企业、中国医药包装事业突出贡献单位、全国工人先锋号、山东省总工会富民兴鲁劳动奖章、山东省现场管理样板企业、山东省两化融合优秀企业、山东省首批企业文化试点单位、山东省管理体系认证优秀单位、低碳山东行业先锋企业等称号。

力诺新能源　济南力诺能源科技有限公司由玉皇庙镇政府于 2015 年引进，占地约 6.1 万平方米。公司以力诺太阳能光热产业为基础，整合太阳能真空集热管和太阳能热水器等资源，打造力诺太阳能光热综合新基地。公司一期、二期投资规模为 2.22 亿元，

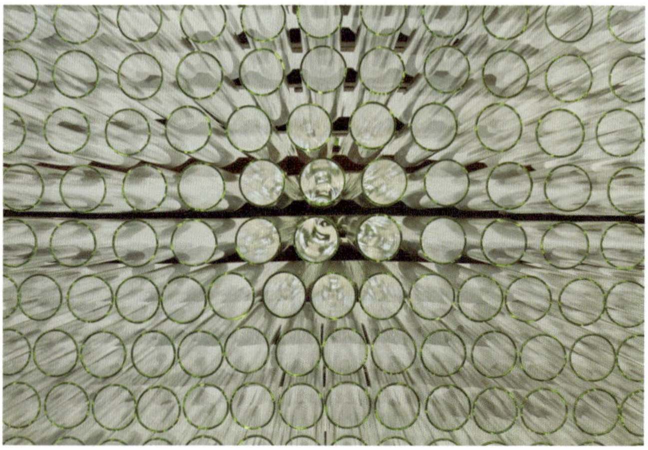

力诺特种玻璃产品

力诺新能源工作间

飞鹤玻璃产品

华文工艺玻璃产品

建设厂房 5.2 万余平方米，一期已建设约 1 万平方米的生产车间，投资约 5000 万元，并于 2016 年年初投产，已达到年产 600 万支全玻璃真空集热管、建设 860 兆瓦的太阳能光伏发电的能力。

飞鹤玻璃 济南飞鹤玻璃工艺制品有限公司成立于 2010 年，坐落于玉皇庙镇民营经济产业园，占地面积 4 万平方米。主要经营范围为玻璃工艺制品生产、销售、进出口业务、电气购销。公司自主设计研发的玻璃工艺制品以高硼硅管和玻璃工艺管为主要原材料，经手工加工吹制而成，具有高透明度、样式新颖、绿色环保、观赏性强等特点，具有市场竞争优势。截至 2018 年 5 月，公司主要产品包括 6 大类，100 余种。

华文玻璃 济南华文玻璃制品公司是一家集产品设计、开发生产、销售于一体的综合性现代化企业，专业生产各类茶具、咖啡具、餐具、双层杯、储藏罐、灯罩、化工管道等高硼耐热玻璃工艺制品。公司始建于 1988 年，原名河间市华文玻璃工艺制品厂，2003 年到玉皇庙建厂，2005 年 5 月 26 日注册。公司高硼硅玻璃工艺制品属国内早期手工吹制耐热、无毒、无味的特硬玻璃制品。该公司为国内外众多知名品牌提供 OEM 服务，产品出口韩国、德国、意大利、法国、美国等国家。

生产工艺

工艺演变 玉皇庙镇以生产特种玻璃为特色，其中力诺特玻拥有系统的技术积累，从玻璃熔炉及产品研发设计到生产线改进创新，经多年积累拥有较强的基础技术优势。在行业内率先实现高硼硅玻璃生产从垂直引下法到维洛成型法的技术跨越，完成从火焰炉到电助熔炉再到全电熔炉的三级跳。力诺特玻拥有国内技术最先进、面积最大的六角形台阶式全电熔炉，自主设计研发的全电熔窑炉在提高玻璃液熔化率和能源利用率方面均达到国际同行业先进水平，餐饮用耐热玻璃器皿产品获得国家专利 22 件。以华文玻璃、飞鹤玻璃为代表的工艺玻璃产品则生产工艺相对简单，具有一定艺术造型。

工艺设备

卧式安瓿机 玉皇庙镇玻璃生产企业建厂之初，安瓿生产采用国产卧式机进行生产，生产工艺流程为：玻管精切（毛口管车间用切口设备专人精切）—上管—成型—熔断—输送冷却—打点刻痕—口部成型—底部成型—退火—冷却输送—包装。每台机每班需要 7 人（精切圆口 1 人、成型熔断各 1 人、底切 2 人、包装 2 人）。2014 年，通过原料改进、设备各工序改进、工艺改进，生产效率大幅度提高。生产工艺流程更新为：吹屑上管—成型—熔断—输送冷却—打点刻痕—口部成型—底部成型—退火—冷却输送—自动检测—自动包装。每台机每班 2 人（操作 1 人、包检 1 人）。

立式安瓿机 2001 年，开始进口立式安瓿生产线，生产工艺流程为：人工上管—丝部预热—自动调火—成型—输送冷却—机械检测—口部冷切成型—圆口—涂环—打点刻痕—印字—烘干—退火—输送冷却—包装。每台机每班人员配置 3 人（主机 1 人，后续线 1 人，包检 1 人）。2015 年，通过设备各工序改进，现生产工艺流程为：自动上管—丝部预热—自动调火—成型—自动照相检测—输送冷却—涂环—打点刻痕—印字—烘干—退火—输送冷却—外观（印字）检测—自动装盒。改进后，生产效率由 6 万支 / 天增加到 9 万支 / 天；生产品种由单一的打点、涂环等标准规定的 5 个规格，只能涂 2 道环，到现在可实现 3 道涂环、在线印字，可生产 C 型瓶、D 型瓶、化妆品瓶等品种，通过个性化定制满足不同需要，已有 400 多个不同规格要求的定制品种。

小瓶机 2001 年开始进口小瓶机，生产工艺流程为：自动上管—成型—输送冷却—口外径检测—口内径检测—全高检测—印字—烘干—退火—冷却输送—包装。之后小瓶机工艺由连续式改为步进式：自动上管—成型—照相检测—输送冷却—退火—外观、全高检测—口内径检测—冷却输送—自动装盒。小瓶生产实现由单一的 ISO 标准产品到个性化定制产品，由单一的普通口产品到凹槽口瓶、凸口瓶、螺纹口瓶、口服液瓶等多品种生产。

表 2

玻璃产品吹制工艺演变及设备改进一览表

	工序	最初生产状态	存在的缺点	改进后	优点
工艺	窑炉	马蹄焰池窑带工作池	工作池体积大、能耗高，造成能源浪费	将工作池改换为体积较小的主料道	减少炉体成本，降低能耗
	窑炉	窑炉主体未保温处理	热量散失快，浪费天然气能耗	将大炉主体用保温材料做保温处理，并在窑炉周围增设热量反射板，防止热量散发	降低窑炉能耗，稳定熔化工艺
	料道	料道空间加热区为天然气加热	成本较高，受天然气压力影响，生产工艺不稳定	将天然气加热改为硅碳棒电加热	降低成本，稳定生产工艺
	料道底溢流	料道底溢流砖固定孔式放料	溢流大小不能控制，产品理化性能差，玻璃液存在浪费的情况	增加电加热板进行电放料	随意控制放料量，稳定工艺，有效控制窑炉出料量，产品理化性能得到提高
设备智能改进	产品板带运输	平行直立机式板带运输	转折点多，产品碰伤划伤多，人员使用多	产品采用斜坡板带运输	减少工序周转，人员使用减少一半
	产品退火	人工摆放到退火炉	存在产品划伤	机械手抓取	产品摆放平稳减少划伤
	产品爆口	间歇式爆口机	工作效率低下	直行式爆口机	提高爆口产量一倍以上
	剪刀机构	气动式剪刀机构	剪料不稳定，成型缺陷多	伺服电机式剪刀机构	剪料稳定性得到提高，产品合格率得到提升

表 3

玻璃产品压制工艺演变及设备改进一览表

<table>
<tr><th></th><th>工序</th><th>改进前</th><th>存在的缺点</th><th>改进后</th><th>优点</th></tr>
<tr><td rowspan="11">工艺及设备</td><td>窑炉</td><td>马蹄焰式火焰窑炉带工作池以及开放式料道火焰加热</td><td>浪费能源，工艺温度受环境影响波动明显</td><td>全电熔窑炉，密闭料道电助熔和硅碳棒辐射加热。电助熔式火焰炉没有工作池密闭料道</td><td>降低能耗，底部电助熔提高熔化能力，节约能源，减少排放，保护环境</td></tr>
<tr><td>料道溢流</td><td>料道玻璃液上层撇渣式溢流</td><td>火焰辅助加热，浪费能源。液面波动时会造成堵溢流，工艺波动大。不能避免料液分层现象</td><td>料道底电辅助放料</td><td>溢流量大小易控制，避免料液分层</td></tr>
<tr><td rowspan="8">设备智能化改进</td><td>玻璃液的料色不稳定</td><td>玻璃液的颜色有原料形成，有时受原料成分影响而进行变化</td><td>人工着色原料成分的干预</td><td>稳定玻璃液颜色，并成功根据客户的需求对料液进行着色</td></tr>
<tr><td>人工配料</td><td>作业人员劳动强度大。人工称量，易造成误差</td><td>自动配料系统引进</td><td>称量准确，减少人员的劳动强度</td></tr>
<tr><td>窑炉加料采用人工撒料方式</td><td>作业人员劳动强度大，加料时粉尘飞扬，撒料不均匀，工艺易波动</td><td>自动加料机引进</td><td>减少人员的劳动强度，撒料均匀，减少粉尘飞扬</td></tr>
<tr><td>人工粘料成型</td><td>受人为因素的影响大</td><td>机器人调料</td><td>实现机械化生产</td></tr>
<tr><td>成型调节落料位时使用挡料杆</td><td>落料痕明显，产品高度过大，挡料杆调节不方便</td><td>成型调节落料位时使用漏斗</td><td>减少落料痕，产品方便调节</td></tr>
<tr><td>没有导料槽</td><td>落料方式不稳定，调节落料点通过改变压机大盘来调整，笨重不方便</td><td>导料槽的引进</td><td>通过调整导料槽的方向来调整落料点，落料方式稳定</td></tr>
<tr><td>向退火炉内放产品采用平推的方式</td><td>划伤产品，造成缺陷</td><td>码盘机的引进</td><td>码盘机单个抓取，避免碰伤</td></tr>
<tr><td>产品只能经过退火</td><td>不能满足特殊客户产品钢化的需求</td><td>钢化退火多样化</td><td>满足多样客户的需求</td></tr>
<tr><td></td><td>生产设备原始，劳动人员密集</td><td></td><td>设备自动化能力的提升</td><td>窑炉人员由 6 人减至 2 人，成型由 7 人 / 线减至 3 人 / 线</td></tr>
</table>

工艺流程图例

玉皇庙镇玻璃生产从硼砂等最初级的原材料进场到压制、吹制产品下线，实现了玻璃制造工艺流程的全线覆盖。以压制产品工艺为例，此处以图例形式展现玻璃工艺流程各个主要环节。

1. 原料进厂

2. 原料入仓库

3. 原料调和后运往车间

4. 自动投料机将原料投入窑炉

5. 窑炉燃烧工作中

6. 自动夹料机夹料

7. 夹取玻璃熔液

8. 玻璃熔液被置入模具

9. 产品压制成型

10. 产品淬火

11. 产品输送降温

12. 产品待检验

13. 包装检验

压制产品工艺全流程实景图

玻璃产品

吹制产品 玉皇庙镇玻璃吹制车间7号炉于2000年点火投产，主要生产太阳能管，一炉四线，后由于市场供应饱和适时寻求产品转型，2002年升级吹制产品线，生产电光源产品。经过多年发展，产品实现多元化、规范化，产品由最初的3种类型增加到目前的20多个类型70多种产品，品种范围不再是单一电光源照明，还包含浴霸灯、水杯内胆、密封罐、养生壶、啤酒杯等产品，产品供应飞亚、亚明、欧司朗等大型企业。此外，力诺新能源以太阳能真空集热管为其代表产品。总体上，玉皇庙镇吹制产品类以中硼硅药用玻璃安瓿为其主营产品，依托力诺特玻公司研发技术和国家产业政策支持，中硼硅药用玻璃安瓿凭借填补国内市场空白的优势，成为玉皇庙镇玻璃产业第二大核心产品。中硼硅药用玻璃安瓿产品研发和产业化在优化玻璃组成配方的基础上，通过自动化配料、全氧燃烧窑炉、电与天然气混合加热深料道均化、玻璃管表面热处理、自动检测与包装等系列技术的研发与应用，在国内率先解决了中硼硅5.0药用玻璃管材批量化生产的难题，形成国家发明专利8件、实用新型专利6件。中硼硅药用玻璃安瓿成为齐鲁制药、悦康集团、南京先声、华润医药集团等企业的核心供应商。销售地主要集中在辽

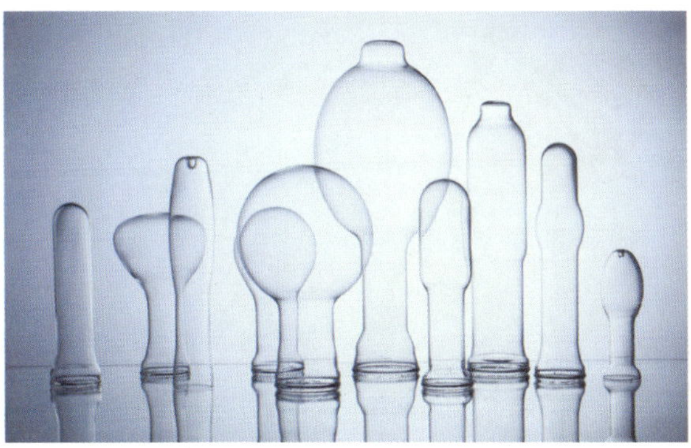

吹制产品

中硼硅药用玻璃制品

宁、北京、天津、山东、河南、江苏、浙江、上海、海南、重庆。2016—2018 年，药用玻璃产品销量复合增长率为 14.3%。2012 年，公司全氧窑炉生产中硼硅药用玻璃包装材料生产线项目被国家发改委评为国家产业振兴项目。2014 年，中硼硅药用玻璃包装材料开发及产业化项目被市科技局认定为科技重大项目。

压制产品 玉皇庙镇最初玻璃压制产品仅有压制转盘，规格型号单一，设备及工艺改进后产品类型扩大为压制转盘、保鲜盒、隔断类器皿、锅类器皿（包括打孔类以及带把手类等）、盖类器皿、杯类器皿以及其他异型器皿。自主开发产品规格型号多种多样，还可根据客户需要开发各类器皿。其中，主营产品为餐饮用耐热玻璃器皿。2015 年，餐饮用耐热玻璃器皿销售收入为 2.50 亿元，其中出口为 1080 万美元；2016 年，销售收入

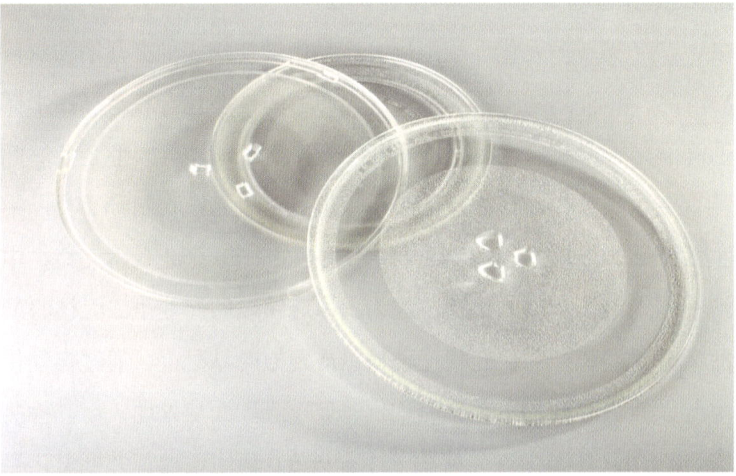

压制产品

餐用耐热玻璃器皿

为3.17亿元，其中出口为1499万美元；2017年，销售收入为3.64亿元，其中出口为1.14亿元。力诺特玻成为美的、格兰仕、瑞典Electrolux、美国World Kichen、美国OXO、德国EMSA、乐扣乐扣等企业餐饮用耐热玻璃器皿的核心供应商。

工艺产品 玉皇庙镇工艺玻璃企业以飞鹤玻璃和华文玻璃2家企业为生产代表，产品包括各类茶具、咖啡具、餐具、双层杯、储藏罐、灯罩、化工管道等高硼耐热玻璃工艺制品。

技术专利

技术研发 玉皇庙镇玻璃产业以力诺特玻公司技术中心为依托，专门负责新产品、新工艺、新技术的研发，公司实验室通过国家CNAS认证，拥有山东省企业技术中心、

力诺国家实验室

济南市中硼硅药用玻璃工程研究中心、济南市药包材工程技术研究中心等多个研发平台。技术中心下设热工实验室、自动化实验室、玻璃工艺实验室、CNAS 实验室、新产品开发部、知识产权中心。研究开发与技术创新采取开发、协作、产学研结合等方式，制定良性人才激励机制，吸引优秀人才参与中心研究开发和建设、管理工作，并制定研发激励制度。通过聘请国内高等院校、科研院所的部分专家、技术权威就玻璃新产品开发、新技术应用、行业发展方向等有关方面进行技术指导。与山东理工大学建立战略合作协议，设立山东理工大学就业实习实训基地，共建玻璃制品技术研发中心，与陕西科技大学材料科技与工程学院签订培养合作协议书，共同培养高素质工程创新人才，与上海大学美术学院合作，共同研究、开发、设计耐热玻璃器皿新产品，与济南大学合作共同研发提高耐热玻璃器皿安全性项目。

专利成果 2011—2018 年，玉皇庙镇所属玻璃企业共获得生产工艺及产品科技专利 42 项，主要有：

2011 年，一种浴霸灯玻壳的生产方法及生产线，用于储存冷冻生物制品的高硼硅玻璃及其制备方法，一种防紫外线的硬料玻壳玻璃及其制备方法。

2012 年，玻璃窑炉放料结构。

2013 年，玻璃保鲜盒（方形）、玻璃保鲜盒（圆形）、保鲜盒（圆形）、保鲜盒（方形）。

2014 年，安瓿瓶在线全自动检测设备、玻璃颗粒粉碎装置、T 型玻壳卡式包装箱。

2015 年，药用玻璃管自动包装生产线。

2016 年，玻璃窑炉用玻管支撑装置、安瓿托起旋转装置、玻壳抓取机械手、捆玻管输送机、窑炉烟气余热利用空调系统、蒸屉。

2017 年，玻璃管爬坡梳理排管机、玻璃管摆管机、玻璃管码垛机、玻璃管制袋机、热缩管热封用烘箱体及玻璃管热缩机、适用于自动加料电熔窑炉的拱碹支撑装置、玻璃器皿底部一次性火打多孔成型装置、带隔断的保鲜盒、奶杯（带弯把手）、玻璃碗（带花纹）、玻璃器皿（长方形带隔断）、饭盒（长方形带隔断）、玻璃器皿（圆形 Y 型隔断）、凉水壶（1）、凉水壶（2）、食物盛放盒（圆形带隔断）、食物盛放盒（长方形带隔断）、食物盛放盒（方形带 T 型隔断）、玻璃管（底开孔）、耐热烤盘（长方形）。

2018 年，玻璃安瓿自动包装机。

经济园区

在玉皇庙镇经济中，机械加工、印刷包装以及现代农业等占有相当大的比例。而这些具有地方特色的经济载体，分别处于工业园区和农业园区两大板块之内，活力凸显，后劲十足。

工业园区

商河县玉皇庙民营经济产业园由西北区、西南区、东南区、东北区构成，规划用地面积 5.76 平方千米。西北区：北至黄齐路，南至兴源街，西至环镇沟，东至规划东环路，规划面积 387 公顷。西南区：北至盛源街，南至清源街，西至规划玉皇西路，东至玉凯路，规划面积 55 公顷。东南区：北至白庙村南生产路，南至镇 3 号路，西至省道 240 线，东至林场路，规划面积 61 公顷。东北区：北至白玉路，南至玉杨路，西至董家环村路，东至杨庄铺村东路，规划面积 73 公顷。园区内属国有建设用地，已形成五纵十横的交通网络，自来水管网、雨污水管网、天然气管网、通信线路完备，道路绿化配套齐全；建有 35 千伏变电站 2 座，电站实现了济（南）德（州）双回路供电。日供水能力 1.5 万千克的开源水厂坐落境内。西气东输已接入工业园区，为企业的发展提供能

玉皇庙民营经济产业园

泰富特钢生产车间

泰富特钢公司

源保证。园区内现有企业105家，其中规模企业39家。

机械加工

机械加工现拥有12家企业，主营业务为生产汽车配件，农用设备以及其他机械设备等。主要企业有6家。

泰富特钢 即泰富特钢悬架（济南）有限公司（原青岛帅潮实业有限公司）。公司是青岛特殊钢铁有限公司的全资子公司，归中信泰富特钢集团直接管理。下设泰富特钢悬架（成都）有限公司，公司始建于2010年，建有12条先进的汽车钢板弹簧生产线，产能年年提升，至2018年达15万千克。2016年10月，青岛帅潮和青岛特钢有限公司签署协议，双方就钢板弹簧进行产业链验收重组。2017年5月，随着青岛特钢的整体划拨，青岛帅潮加入中信大家庭。是年8月，中信派驻新一届领导班子进驻帅潮，实现青岛帅潮总部整体搬迁至济南帅潮。至2018年，已经完成股权重组工作，实现100%的国有控股，更名为泰富特钢悬架（济南）有限公司。2018年，缴税实现比2017年翻一番，各项技改投资3000余万元，新进大学生20余人。

豪曼汽车 即济南豪曼汽车配件有限公司。公司成立于2011年1月，位于山东济南市商河经济开发区玉皇西路6号，京沪高速商河南出口以东5千米处，距济南遥墙机场20分钟车程。公司占地5.2万平方米，建筑面积4万平方米。现有员工300余人，其中各类专业技术人员46人，具有大专以上学历67人，是一家集产品设计、开发、生产制造于一体的专业的重型汽车底盘零部件制造企业。通过不断加深与中国重汽集团的合

豪曼汽配公司车间

华庆机械公司

作，已发展为中国重汽集团底盘支架类主要供应商。公司先后通过 IATF16949 质量管理体系认证、安全生产标准化三级认证和 14000/45000 环境管理体系认证、职业健康安全管理体系认证。同时，公司是 2018—2019 年济南市 31 家绿化环保企业之一。

华庆机械　即济南华庆农业机械科技有限公司。公司成立于 2010 年，注册资本 550 万元，占地面积 2.8 万平方米。2018 年，公司实现主营业务收入 2156 万元，提供就业岗位 42 个。公司是一家拥有机械设备制造、研发加工，并集科、工、贸为一体的综合性技术创新型公司。主要生产大蒜种植机械、蔬菜机械、蒜种分瓣分选机、大蒜深加工机械、农副产品及中药材加工烘干机械、机械加工研究及制作等。企业目前已建立大蒜全程机械化研发中心，与山东农业大学合作建立科研基地，并与沈阳农业大学、黑龙江八一农垦大学合作共建。公司拥有自主知识产权 26 项，并设立研发中心。

华云机械　即济南华云精密机械有限公司。公司位于玉皇庙镇民营经济产业园，占地 25 亩，主要产品有高精密测量平台及机床构件，高精密花岗石量具（表座、平尺、角尺、方尺、方箱）等。2018 年，公司主营业务收入 1500 万元，提供就业岗位 30 个。

鹏达恒运　即济南鹏达恒运混凝土有限公司。公司占地 18 亩，产品以预拌混凝土为主。2018 年，公司实现主营业务收入 3500 万元，提供就业岗位 45 个。2018 年 1 月 7 日，公司通过 GB/T19001—2016 质量管理体系认证、GB/T24001—2016 环境管理体系认证及 GB/T28001—2011 职业健康安全管理体系认证。

国之景家具　即山东国之景家具有限公司。公司占地 33 亩，产品以板式家具、定

国之景家具有限公司　　王圣军　摄

制式办公家具等为主。2018年，公司实现主营业务收入2152万元，提供就业岗位125个。

包装印刷

包装印刷企业共有15家，主营业务为生产纸制品包装、塑料包装等。主要企业有7家。

承相印刷　即山东承相印刷有限公司。公司位于商河县玉皇庙镇清源街以北，占地面积64亩，建筑面积3万平方米。公司有办公楼1栋，6个生产车间，8个仓库，职工公寓楼1栋，职工食堂、职工活动室各1个。现有职工200余人，年总产值1亿元。有印刷机9台、三层共挤吹膜机4台，制袋机20台，淋膜、干复、无溶剂复合机4台等设备。2018年，实现主营业务收入4617万元。公司从事软包装印刷已有33年历史，产品以蔬菜种子包装、生活用纸包装等为主，具有年产各类包装产值1亿元以上的生产能力。种子包装产品畅销全国26个省、市、自治区，占全国蔬菜种子包装市场份额7成以上。

白鹤塑料　即济南白鹤塑料有限责任公司。公司是一家专业生产各类塑料包装制品的新型现代化企业。公司占地面积8万平方米，拥有员工400余人，公司年产量8000千克。享有自营进出口权，主要产品有HDPE&LDPE购物袋、食品袋、平口袋、印刷背心袋、挂历袋、彩条袋、垃圾袋、自封袋、围裙、单张膜、桌布等。公司产品远销欧美、澳洲、中东等地区。2018年，实现主营业务收入2900万元。

丰汇纸制品　即济南丰汇纸制品有限公司。公司成立于2011年10月，注册资金

白鹤纸制品有限公司　　　　王圣军　摄　　　　鼎旺包装公司

1000 万元，位于玉皇庙民营产业园兴业街西首，占地 35 亩，产品以瓦楞纸板为主。2018 年，实现主营业收入 2500 万元，提供就业岗位 70 余个，拥有全自动高速瓦楞生产线 2 条，日生产能力 20 万平方米，年产量 6000 万平方米。

白鹤纸制品　即济南白鹤纸制品有限公司。公司占地 110 亩，产品以纸箱、纸盒等为主。2018 年，实现主营业务收入 2500 万元，提供就业岗位 80 个。

鼎旺包装　即山东鼎旺包装彩印有限公司。公司位于玉皇庙镇民营经济产业园兴源街 166 号，始建于 2003 年，注册资金 2000 万元，固定资产 8500 万元。2018 年，实现主营业务收入 5000 万元，提供就业岗位 200 余个。

叶华纸制品　即济南叶华纸制品包装有限公司。公司占地 3.26 万亩，产品以纸板、纸箱等为主。2018 年，公司实现主营业务收入 12950 万元，提供就业岗位 145 个。

精博利塑料　即济南精博利塑料制品有限公司。公司占地 30 亩，产品以塑料瓶、塑料桶、塑料包装等为主。2018 年，公司实现主营业务收入 700 万元，提供就业岗位 80 个。

化工纺织

化工纺织是玉皇庙镇工业园区的传统产业，主要企业有 3 家。

万豪肥业　即山东万豪肥业有限公司。公司成立于 2012 年 9 月 5 日，注册资金 2000 万元人民币，由山东万豪生态农业集团股份有限公司投资兴建，是济南市重点招商引资企业，市级农业龙头企业。公司位于商河经济开发区内，占地 260 亩。经营产品为复合肥料、复混肥料、掺混肥料、缓控释肥料、有机肥料、有机无机复混肥料、叶面肥、冲施肥、生物菌肥等。其生产基地于 2013 年 3 月开工建设，总投资 4 亿元人民币，设计产能 100 万千克，工艺技术处于国内同行业领先水平。项目分为两期推进，一期工程于 2013 年 12 月底正式投产，各类新型高效复合肥料的产能达 50 万千克。公司汇集北京农业大学、山东农业大学等高等院校的技术，被确定为济南市生态药肥一体化工程技术研究中心。2014 年 4 月，被确定为济南市市级农业龙头企业。2017 年 7 月，产品脲甲醛缓释肥料获“济南名牌”称号。2018 年 1 月，公司全面通过质量 / 环境 / 职业健

万豪集团

康安全 3 个管理体系认证。

天源化工 即济南天源化工有限公司。公司成立于 2008 年 6 月。位于玉皇庙镇杨庄铺三号路北侧，占地面积 6 万余平方米，主要生产盐酸羟胺、甲酸钙等。2018 年，实现主营业务收入 4000 余万元，提供就业岗位 60 余个。

金丰纺织 即济南金丰纺织品有限公司。公司占地 38 亩，产品以棉纱、劳保用品等为主。2018 年，实现主营业务收入 4980 万元，提供就业岗位 55 个。

能源仓储

能源仓储类主要企业有 4 家。

玉泉发电 即济南玉泉生物发电有限公司。公司是山东琦泉能源集团旗下第二家生物质热电联产企业，总装机容量 65 兆瓦。公司成立于 2013 年 9 月，坐落于山东商河经济开发区，注册资本 6000 万元，厂区占地 150 余亩，总投资 5 亿元。公司一期工程装机容量 30 兆瓦，总投资 2.3 亿元，于 2014 年 12 月 31 日实现一次成功并网，年提供绿色电力 1.95 亿千瓦时，实现销售收入 1.73 亿元，利税 4000 万元。年燃用农林垃圾 30 万千克，节约标煤 12 万千克。2018 年，济南玉泉 1×35 兆瓦农林生物质热电联产二期工程启动。该项目被列入山东省“十三五”生物质发电项目建设实施计划。自成立以来，公司获山东省政府节能考核奖励示范项目、省重点建设的农业标准化生产企业、济

玉泉生物发电有限公司

南市节能突出贡献企业、济南市农业产业化龙头企业等称号。

德洋低温　即济南德洋低温科技有限公司。公司成立于 1998 年，是集研发、生产、销售于一体的专业化公司。以医用及工业用氧气、氮气、氩气、二氧化碳等各类工业气体、5N 及 6N 以上的超高纯气体、标准气体，焊接绝热气瓶、低温容器为主要产品，并提供无缝气瓶、低温气瓶及车载 LNG 气瓶、安全阀检验、氧氩氮二氧化碳低温液体运输、现场集中供气设计与安装等服务。公司位于玉皇庙民营工业园，占地 30 余亩，固定资产 1 亿余元，提供就业岗位 150 余个，产品销往世界各地。2018 年，完成销售收入 8000 余万元。

绿宝电力　即山东绿宝电力科技有限公司。公司成立于 2012 年，占地 40 余亩。2018 年，实现业务收入 2800 余万元，为当地提供就业岗位 20 余个。公司拥有国内外先进的生产设备和检测设备，生产工艺精良，检测手段完善。主要生产 0.6 千伏～35 千伏高低压电力电缆、控制电缆、屏蔽电缆、光伏电缆、高低压交联架空电缆、钢芯铝绞线及铝绞线、高速通信电缆、计算机电缆等各种型号电线电缆。公司先后获省级守合同重信用企业、国家电网合格供应商、中国质量检验会团体会员单位等称号。

固安捷仓储　即山东固安捷仓储设备制造有限公司。公司位于玉皇庙镇玉皇路以东、清源街以北，占地 21.13 亩，产品以超市货架、仓储货架、展架等为主。2018 年，实现主营业务收入 2165.21 万元，提供就业岗位 50 个。

固安捷仓储

六和饲料有限公司

饲料加工

饲料加工类企业属招商引资企业，以六和饲料独具规模。

六和饲料 即商河县六和饲料有限公司。公司位于商河县玉皇庙民营经济产业园，占地40亩，产品以玉米、豆粕等为主。2018年，实现主营业务收入16360万元，提供就业岗位60个。

农业园区

玉皇庙镇是山东省无公害农产品产地、济南市无公害蔬菜标准化生产基地之一。该镇以发展现代农业为基础支撑，以基地、合作社、庄园为龙头，构建生态高效的大农业园区。园区内主要包括种植基地、养殖基地、农业庄园等。

种植基地

商南彩椒特色品牌示范基地 位于省道240线西侧、玉皇庙镇杨庄铺街北。基地始建于2003年4月，下设蔬菜市场、集贸市场、商南蔬菜专业合作社、皇园生态农庄、鼓乡神韵生态农业观光园等，拥有管理人员20人、职工150余人，资产总值3500万元，其中固定资产2000余万元。2007年，被评为济南市重合同守信用企业和济南市规范化文明市场；被商务部列为农产品行情定点监测市场。2008年，被评为山东省重合同守信用企业、济南市农业观光旅游点、济南市现代农业特色品牌示范基地和市级农民专业合作社示范社。2009年，被济南市评为泉城市民最喜爱的十佳特色农产品、优秀农业网站和市级规范化农产品批发市场。2010年，被济南市商务局评为全市十大产地农产品市场。

瓦西冬瓜特色品牌示范基地 始建于2000年，位于玉皇庙镇西南部，南靠土马河，土质肥沃，交通便利。黑皮冬瓜是从广东引进的一个新品种，肉质厚而白，子室较小，耐贮运。该品种单瓜重量平均15千克，大的可达30千克，亩产1万千克。2004年，瓦西村成立黑皮冬瓜专业合作社，对会员实行购种、种植、管理、销售“四统一”，按照标准化操作技术规程管理，合理施用农药。2005年6月，合作社向工商管理部门申请注册“瓦西”牌冬瓜商标，全村的冬瓜销售统一商标、统一包装进入市场。2007年，基地建立瓦西黑皮冬瓜网站，并在杭州蔬菜网上建立瓦西黑皮冬瓜销售网页，实现网上推介、网上销售。2006年9月，基地被山东省农业厅认定为山东省无公害农产品基地；11月，其产品被农业部认定为无公害农产品。2007年，基地被济南市农业局认定为济南市冬瓜特色品牌基地。2009年，基地以玉皇庙镇瓦西村为核心，辐射带动周边26个村，种植面积1.6万亩，年生产黑皮冬瓜16万千克。2009年6月，瓦西村黑皮冬瓜种植协会被省科协、省财政厅联合实施的科普惠农示范工程表彰为全省科普示范工程项目，被推荐为全国科普惠农兴村计划项目。2015年10月，瓦西村被农业部评为全国一村一品示范村。

大棚番茄种植基地 玉皇庙镇大棚番茄种植开始于1993年，从史家庄的2个番茄大棚和前咎的1个樱桃番茄大棚发展到全镇总面积近万亩，严格按照绿色或无公害生产技术操作规程进行标准化生产，果形圆正饱满、光泽鲜亮、汁液丰富、气味自然浓郁，成为与彩椒并列的设施农业产业两大支柱产品之一。作为江北最大的番茄生产基地，玉皇庙镇域内有玉凯蔬菜种植专业合作社（史家庄村）、鑫罂蔬菜种植专业合作社（演武屯村）等多家番茄生产经营主体和多个专业市场，以玉港现代农业产业园为产业龙头和

商南彩椒基地大棚

瓦西冬瓜

大棚番茄（2018 年） 镇宣 提供

核心品牌，通过园区直供大型商超、基地通过市场供应大型商超、基地直接对接电商等形式，产品主要销往济南市区和省内各大城市及周边省市，并出口俄罗斯等国家。

荣章韭菜标准化基地 位于省道 240 线以西，玉皇庙镇刘西村西北，面积 115 亩，主要进行韭菜的标准化生产与销售。基地由琦玮家庭农场投资创建，2016 年销售韭菜 335 千克。韭菜示范园在生产中严格按照无公害农产品标准使用肥料、农药等，在韭菜收获过程中，进行多批次的农药残留检测；同时邀请省市县农业检测部门到现场抽样检测。

济南润泽园蔬菜高额示范园 位于商河县农业科技示范园、玉皇庙镇刘西村。建有高效生产示范园 300 亩，建有种苗区、蔬菜区、管理区。建有全自动智能化连栋温室 3300 平方米，育苗大棚 1.6 万平方米，冬暖式日光温室 50 个，具备基础研究（进行蔬菜新品种及生产栽培模式的研究）、示范带动（引进新品种、新技术、新设施）功能，形成工厂化育苗生产、标准化绿色蔬菜生产两大主业，是一家集蔬菜新品种选育、引进、推广、种苗生产、销售及技术服务于一体的大型现代化示范基地。基地以济南润泽园蔬菜联合社为龙头，以农户参与为基础，形成“龙头企业 + 合作社 + 基地 + 农户”的农业产业化运作模式。园区设有农业休闲观光项目，从 2015 年开始，每年儿童节为亲子体验观光采摘节，每年重阳节举办垂钓比赛。园区内有

玉凯花卉苗木基地

农家乐特色饮食。

济南玉凯花卉苗木基地　2012年，以土地流转的形式建成，计1070余亩，主要从事花卉苗木繁育、栽培与销售，品种有法桐、小龙柏、海棠、紫荆、白蜡、紫叶李、樱花、玉兰、红枫、榆叶梅等。基地拥有社员200余人，其中中高级职称专业技术人员28人。基地种植的产品曾被评为第九届中国林产品交易会金奖和第九届中国林产品交易会优质产品奖。

养殖基地

济南恒基珍禽养殖基地　由济南恒基珍禽养殖有限公司投资兴建，占地面积3万平方米，致力于特种珍禽生态养殖、研究、开发、生产、推广，拥有高标准冬暖大棚9栋，蛋鸡舍112间。2018年，年可提供鸡苗50万只，商品鸡10万只，商品蛋360万枚，种鸡5000套，标本5000羽。

农业庄园

济南三十七度庄园　由济南三十七度庄园农业开发有限公司投资兴建，主要经营项目为蔬菜种植、林果种植、水产畜禽养殖，粮食种植；生态农业观光，农业技术开发、培训。园区占地面积2000余亩，已形成精品果品采摘区、休闲垂钓区、高效设施栽培区、特色果蔬生产区、现代农业展示区、农家餐饮休闲区。公司有员工35人，季节工300余人，高级农艺师1人，农艺师5人。同时聘请山东果树栽培所、农科院相关专家，形成专业技术队伍。2013 年，公司建设基地被济南市发展都市型现代农业工作领导小组授予“都市农业示范园区”称号。

济南玉港现代农业产业园 商河县玉皇庙镇人民政府 2019 年规划建设的智慧、绿色的现代农业产业园区。园区位于玉皇庙镇汇源街以南、玉皇路以东，土马河三面环绕，东临省道 240 线，西依京沪高速商河南出口，南靠新旧动能转换区，处于玉皇庙特色瓜果产业区核心位置，是玉皇庙镇现代农业产业发展的核心品牌。园区规划面积 619 亩，一期于 2019 年度整合产业振兴财政补助项目资金 700 万元、扶贫项目资金 600 万元、中央财政资金扶持发展壮大村级集体经济项目资金 200 万元，结合镇财政、企业和农户投资，已建设完成高档智能玻璃温室 1 个、玻璃膜温室 2 个、双膜双棉被大拱棚 48 个，引进新技术 6 项、新品种 12 个，辐射周边基地 6 个，带动脱贫增收农户 962 户。

济南三十七度庄园挂满枝头的油桃

玉港现代农业产业园果蔬区　　镇宣传办公室　提供

玉港现代农业产业园智能温室　　镇宣传办公室　提供

玻璃小镇一隅

文物胜迹

千百年来，玉皇庙镇以玉皇庙传说与其古庙而得名。2015年，玉皇庙传说被列入济南市非物质文化遗产。众多的遗址古迹、古宅古墓、古树古碑等显示出玉皇庙镇深厚的文化底蕴。

玉皇庙

玉皇庙传说 关于玉皇大帝的来历，可谓众说纷纭。千百年来，玉皇庙镇以玉皇庙传说与其古庙而得名。2008 年 5 月，玉皇庙传说被列入商河县第一批非物质文化遗产。2015 年，玉皇庙传说被列入济南市非物质文化遗产。

玉皇庙印迹留存 清道光《商河县志》记载，“玉皇庙，城西南三十里”。现今的玉皇庙村分为玉东、玉西。据玉东村的曲效同等多位老人现场指认，玉皇庙大殿位于现今的玉皇庙中心小学西南大约 500 米处。除玉皇庙之外，附近还有关帝庙、娘娘庙和土地庙 。玉皇庙大殿毁于距今 100 年前的一场大火，其残垣断壁遗存多年。

现存遗址附近的张家湾，据说原来比现今大 10 多倍，无论旱涝常年不溢不枯。在现府前街与玉凯路交会处以南 100 米路东，有一株历经沧桑的古槐，传说是张玉皇七岁所种。后来，铁拐李大战白佛老祖时将树干扫掉，幸存的一株嫩芽复成大树，几经雷击火烧终不受死。如今这株老槐树仍然枝繁叶茂、生机勃勃，槐树以铁栏杆圈围，并有标志牌“玉皇庙古槐”。

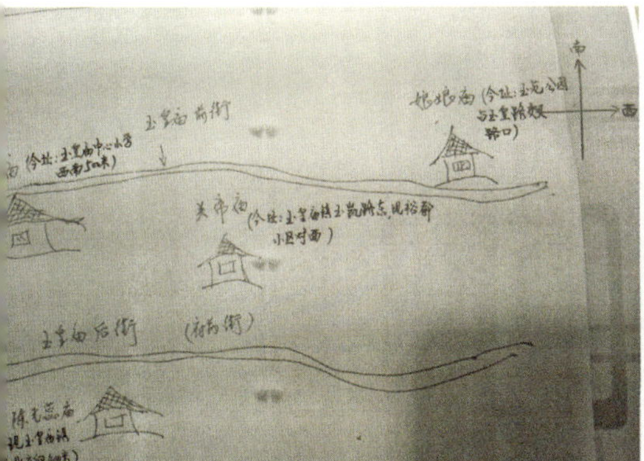

玉皇庙遗址方位图　　孙经亮　绘制

玉东村民指认玉皇庙旧址张家湾残存水面

玉皇庙古槐 王圣军 摄

据玉皇庙镇的老人回忆，玉皇庙村的街道原来有起伏不平的九道湾，像一条龙的样子，龙头就在玉皇庙大殿的位置，龙尾在演武屯村。

每年农历正月初九玉皇大帝生日期间，玉皇庙镇都要举办一场庙会和盛大的祭祀活动，从而形成黄河北岸远近闻名的农贸交易集市。此时正逢元宵节前夕，村里跑起鼓子秧歌，花的角色装扮成九仙女，象征玉皇大帝九个女儿，打鼓的汉子扮作护驾十八罗汉。在玉皇庙镇温桥村，至今保留着一种祭祀舞蹈——花鼓舞，成为古代祭祀傩舞的活化石，对当地的文化经济发展产生较大影响。民间乡土作家杨吉荣根据民间传说创作的长篇传奇小说《古庙传奇》，新编故事集《玉皇故里的传说》等。

遗址古迹

遗址

东温桥遗址　位于玉皇庙镇东温桥北，20 世纪 60 年代出土有青铜器、陶器等，经专家考证为商代遗址，为县级文物保护单位。2013 年，被确定为第四批省级文物保护单位。现保存完好。

西瓦屋头遗址　位于玉皇庙镇瓦西村西北角水湾内，属周、汉时期遗址。2009 年文物普查时被发现，2013 年被确定为省级文物保护单位，保护范围 200 米 ×200 米。2009 年出土战国时期的陶器残片等文物，因当时是在村民挖湾时挖出的遗址，出土的部分文物均已破碎。据目击者回忆，遗址在水下 3 米左右处，当时挖出部分瓷器，色泽艳丽，但出土 10 多分钟后，瓷器变成黑色。同时在遗址内发现一处较大古墓及构筑墓室所使用的石板等，经专家鉴定系济南市黄河以北冲积平原地区为数不多的战国时

西瓦屋头　李超　摄

期的古遗址。

演武墩　位于演武屯村东，相传隋炀帝杨广继位后，曾在此修建演武场，广募民众习武做骁勇之士，以平匪患。如今的演武场已不复存在，而当地民间习武的传统却从未中断。为铭记这段历史，继续发扬“习武强身，保家卫国”的精神，演武屯村专门建立一处演武记忆馆。

古墓

张九叙墓　位于玉皇庙镇张大人村西南 100 米处。墓主人张九叙是明代历史名人，官至兵部左侍郎，卒于嘉靖八年（1529）八月五日。原墓地立有进士坊、文焕坊以及石碑、石人、石兽等，均于 20 世纪 40 年代被调往黄河大坝防洪。其墓在“文化大革命”中略遭破坏，2000 年春被后人堆积封土、树立新碑，并于 2009 年重新修缮，现保存完好。

西甄唐代古墓　2015 年，西甄家村村民发现 2 座古墓葬，济南市考古研究所随即派遣专业人员对此区域进行清理发掘，根据墓葬形制以及出土的陶器、瓷器的形制判断，2 座古墓葬均为唐代墓。出土文物有陶罐、执壶、碗、瓶、铜镜、骨梳、漆盘等。

古树

玉东国槐　位于玉皇庙镇玉东村，树高 6.8 米，胸径 37 厘米，冠幅 7 米，树龄 350 余年。现有铁围栏保护，树体中空腐朽，但生长旺盛。当地政府现已挂牌并围栏保护。

西甄国槐　位于玉皇庙镇西甄村，树高 8.0 米，胸径 52 厘米，冠幅 10 米，树龄 300 余年。现保护好，树体强健，生长旺盛，树型优美。当地政府已挂牌保护。

魏集国槐　位于玉皇庙镇魏家集村，树高 7.2 米，胸径 59 厘米，冠幅 8 米，树龄 300 余年。树干严重腐朽，但是枝叶繁茂，生长旺盛。当地政府已挂牌保护。

杨庄铺国槐　位于玉皇庙镇杨庄铺村，树高 8.5 米，胸径 72 厘米，冠幅 10 米，树龄 200 余年。现用砖砌保护，树干强健，生长旺盛，树冠圆满。当地政府已挂牌保护。

西温国槐　位于玉皇庙镇西温村，树高 8.2 米，胸径 36 厘米，冠幅 9 米。树体高大，树干中直，枝叶繁茂，生长旺盛。当地政府现已对此树挂牌保护。

玉皇庙镇的古槐（图片选自《商河古树名木画册》）

吕东古楼

古宅

吕东民居 坐落于吕常东中街西半部路北，始建于明末清初，二层建筑，面阔三间一进，八面窗，硬脊垂山。民居美观大方，对于研究济南市黄河以北平原地区明代民居建筑具有一定的历史艺术价值。吕东民居至今已有150多年历史。古楼分为上下两层，构造为内层土坯，外层青砖，外檐上面的雕龙纹缕依稀可见。

据吕氏族人介绍，民居周围原有一个四合院，另有3座土楼，均未保存下来。1900年，有一股土匪曾去抢劫，吕氏族人凭借民居易守难攻将其击退。“文化大革命”期间，吕东民居曾遭到毁坏。2015年10月，商河县文物保护部门对吕东民居进行保护性修缮。2016年4月，民居对外免费开放。

古碑

大医士葛公墓碑 立于1915年，坐落于史家庄村东南方，玉凯路西、科源路北，现保存完好。碑高1.8米左右，厚25厘米，宽60厘米。因碑文残蚀难辩，据葛氏后人介绍，其记载的是清代大医士葛学典在玉皇庙周围从事医学并深受民众爱戴之生平事迹。

魏氏祖碑 碑高145厘米，座长130厘米，高20厘米，厚20厘米，四周刻有龙图样。碑文记载的是魏氏十二世祖魏尚学奉朝廷之命（时任六品）督修徒骇河的生平事迹。

张宝三处士碑 坐落于东石桥村东北方向2千米处，立于清光绪二十四年（1898）。

大医士葛公墓碑　　翟翔鹏　摄

张宝三处士碑　　翟翔鹏　摄

碑高 168 厘米，宽 58 厘米，厚 20 厘米。碑文记载的是十世祖张喜（字宝三）之生平事迹（因碑文残蚀难以详辨）。1971 年，政府号召平坟改地貌，张氏祖坟被平，此碑被置于路边，碑文严重受损。1990 年，族人将此碑重新立于张氏公墓。

马氏祖谱碑　1916 年立，位于双龙店村东，紧靠村中街东头路南，现保存完好。

张氏社茔碑　立于清代，现保存完好。

人文景观

玉苑春晓　该景观是玉园湖公园的别称，2011 年商河县征集评选“商河新八景”，玉皇庙镇玉园湖公园入选，并被命名为玉苑春晓，于 2010 年 9 月 30 日建成正式对外开放，并于 2018 年 6 月进行改造提升。

玉皇庙地标 玉皇庙地标位于玉苑春晓公园中部，正对市民文化广场，主要由蓝黄两色组成，正面刻有《玉皇庙赋》，其余三面刻有玉皇庙镇所获荣誉称号。地标于2018年6月开工，9月建成。该地标高15.349米，代表玉皇庙镇153.49平方千米的版图面积。底座位于圆环内，呈古铜钱状，代表玉皇庙镇居民财源广进，生活安康。底座方形，上方为圆球状，代表天圆地方。底座与圆球由三根柱体连接，代表玉皇庙镇玻璃制造、机械加工、包装印刷三大支柱产业。柱体之间的六个圆环，代表玉皇庙镇6万名居民，地标顶端镶嵌一颗蓝色钻石，代表玉皇庙镇经济腾飞、居民富足，像一颗钻石闪耀于世界的东方。

演武记忆馆 建于2016年10月，历时2个多月修建完成，建筑面积200平方米，共分7个展室（厅），依次为村史溯源、家风家训、农耕岁月、红色记忆、息息生活、时代儿童乐园等。展厅收录40多件实物和大量老照片，多数为该村群众自愿捐献，无不镌刻着沧桑的岁月痕迹。展馆内陈列有旧时代曾经大放异彩的农具，有木推车、木锨、木叉子、木耙子、石磙子等，还有很多对当地民俗民风的介绍。

演武记忆馆

风土民情

玉皇庙镇自古崇文尚武，鼓子秧歌、扇鼓舞经久不衰，美食小吃、土特名产、方言俗语等具有浓郁的地方特色，折射出鲜活而灵动的风土民情。

镇

美食小吃

玉皇庙豆腐皮　当地传统名产，尤以玉东村所制为佳品，行销全国各地。豆腐皮筋道味美，口感甚佳，用豆腐皮可做各种冷、热、荤、素菜。有诗赞玉皇庙豆腐皮：缕缕清香溢满锅，精华凝聚卷金箔。喜品珍奇植物肉，豆花绽放麦丘坡。

玉皇庙豆腐皮之所以广受赞誉，与其制作过程有关。据行内人讲，把黄豆打浆、烧胚、过滤、点浆、舀皮，接着是压水、扯皮、煮皮，这一连串的工序都是在40℃的高温下进行的。刚从布上扯下来的豆腐皮，如果把它揉成一团甩在皮板上，金黄光滑的豆腐皮不会有一丝裂缝，也不会掉角。

傅家锅饼　制作其饼需选用颗粒饱满的优质小麦，用水清洗，捞出晾干，经钝磨细研截取二遍精粉。和面时掺入少量清水，边揉边撒干面粉，将圈好的面团做成满月状，放在模子里印上花案，用特制的炉具进行烘烤。

傅家锅饼的特点是外硬里韧，硬而不艮，清香扑鼻，嚼之有劲而不黏，食之口齿生

玉皇庙豆腐皮

津，干香浓厚，回味无穷，深受百姓喜爱，为当地一大名吃。有诗赞傅家锅饼：水捞小麦绢罗筛，大把揉成满月胎。叠絮凝香干饯面，神炉炙得印花开。

生活习俗

取名 玉皇庙人称“起名”。乳名叫小名，一般婴儿出生十二日起名，多由爷爷奶奶、姥姥姥爷起，且认为越通俗越长命。旧时的小名内容包罗万象，男孩多以季节、属相，女孩多以花、妮起名；至六七岁入学时由教书先生起学名，称为大名。现在多用一些美好的词汇起名，寄寓长辈的情感或愿望。

“揍十二日” 婴儿落地，主人向亲属族人散发红蛋报喜。十二日亲友均携礼贺喜，俗称“揍十二日”。临近一个月时，产妇去娘家住“满月”，由舅舅剃落胎发，多留“八十毛”，意指长命。百日戴“长命锁”、穿“百家衣”。周岁生日有“抓周”的习俗，试其志向。

祈雨 古时遇旱，人们常求神降雨。由村中有威望的长者主持，众人供拜“关老爷”，敲锣打鼓，清扫湾底。组织7位老年寡妇，均左手端簸箕，右手拿扫帚，口中默念“扫呀扫，扫湾边，不到三天下满湾”，绕空湾扫一周完毕。此习俗现已绝迹。

送馍馍 麦收后，已婚妇女娘家母、婶、嫂等结伴去闺女婆家送馍馍。20世纪70年代前，除携带用新产的白面蒸做的馍馍外，另带咸海鱼2条、鲜黄瓜4根，对方以凉面（麻汁面）招待。20世纪80年代后，多用酒席招待。新婚之家，此礼尤为隆重。

唤闺女 旧时，农历正月十六及中秋节前，已婚妇女娘家的父、叔、兄等带点心、馍馍、果子等去女儿婆家，名为唤闺女。正月十六，新婚妇女会随父回娘家住几日。此习俗现今尚存。

开市 旧时店铺开业前须择吉日，举行开张仪式后营业，谓之开市。是日，店家张灯结彩，室内设香案供奉财神，店门前悬挂书有店铺字号的横幅，亲友送对联、匾额或钱物相贺，主家设酒宴相待。老店铺春节后多于正月初四营业，俗谓开市（四）大吉。第一天，新老店铺营业均备烟茶招待顾客。新中国成立后，新工厂开工、商店营业时改为举行开工、营业剪彩仪式。1981 年以后，城乡个体工商户开张营业时多鸣放鞭炮庆贺。

岁时习俗

春节　一年中最为隆重的节日。民间习惯将除夕（农历腊月三十，小月二十九）与正月初一连在一起，谓之过年。一进入腊月，人们便开始买菜、打酒、杀猪、宰鸡，准备过年。腊月二十三祭灶后开始蒸制节日食品，节日气氛越来越浓。除夕，传说百神下界，清晨贴春联或门神。上午各家携纸香到村口请先祖回家，在堂屋设祭，近逝者安牌位，先逝者开家堂，俗谓轴子。在庭院设位供天地，厨房供灶神。中午全家团聚，改善生活，名曰团圆饭。晚饭食饼，寓意年年翻身。傍晚，悬彩灯，各家儿童由家人领到门前或胡同口燃放鞭炮，以驱年怪；在门前烧谷秸，称为照庭（传说早年贫民刘猛除夕夜奔家探母，人们感其孝，遂燃柴为其照路）。入夜，全家围坐一起，饮酒叙谈，称为守岁。午夜，燃鞭炮以示辞旧迎新。正月初一，清晨食迎春饺子，饭前晚辈给长辈行叩拜礼，长辈则用纸包钱给儿童，谓之“压岁钱”。饭后，邻里间互相拜年，逢长辈皆热情问候：“起得早？”“过年好！”“发财！”等。全日穿新衣，改善生活。日落前，携纸香及供品将除夕日请回的先祖送回茔地。除夕日，有债务的贫苦人家多为躲债出走，年后才敢回家，即富人过年，穷人过关。节后自初二始，乡邻挚友互相宴请吃酒，并携礼物走亲拜年，时半月方止。新中国成立后，旧时节日中的迷信活动多数已废止，其他如穿新衣、放鞭炮、吃水饺及走亲访友等仍存。

元宵节　农历正月十五，传统习惯吃年糕，寓意步步登高。旧时，民间有点岁灯、扮秧歌、踩高跷、划旱船、舞狮子等活动。新中国成立后，点岁灯的习俗渐失，扮秧歌长盛不衰，男女老少齐参与，村村办秧歌，人人闹元宵。1979 年以后，有秧歌队的村庄，从正月初四或初五开始组织演练，十五前后相互串村表演。

寒食节 清明节前一天为寒食。相传是为祭祀介子推而设。是日，禁火寒食，民间有培坟土祭祖扫墓、踏青野游及荡秋千的习俗。秋千多于节前扎制，节后拆除，称为“悠（忧）前不悠（忧）后”。新中国成立后，寒食日农家祭祖扫墓习俗尚存，部分群众改烧纸哭坟为向祖坟献花圈。

端午节 农历五月初五为端午节。旧时，人们食粽子，贴钟馗像，门檐插菖蒲、艾枝，院中洒雄黄酒，驱“蛇、蝎、蜈蚣、壁虎、蟾蜍”五毒，小孩佩戴长命锁、艾虎以除灾异。现在人们仍有食粽子的习俗。

中秋节 农历八月十五，民间十分重视，仅次于春节。民国时期，人们有拜月、亲朋月下欢宴、互送瓜果与月饼的习俗。新中国成立后，拜月的习俗逐渐消失，其他如全家欢宴、赏月、食月饼等风习犹存。

重阳节 农历九月初九为重阳节。旧时，书香之家多登高饮酒，农家老人野游散步。现此习俗淡薄。1987 年山东省将重阳节定为老人节，后每年是日，镇政府组织举行庆祝会或开展老年文体活动。

秋祭 农历十月初一，各家各户进行秋祭。旧时，人们剪纸为冥衣到墓前焚烧祭祖，俗谓为故去亲人送寒衣。现祭祖的习俗仍存，有的改为敬献花圈。

腊八节 农历十二月初八，民间称为腊八日。旧时，人们用五谷杂粮和红枣熬制腊八粥，祭祀百神。今仍有吃腊八粥、腌腊八蒜的习俗。

小年 腊月二十三过小年，旧时是送灶神上天言事的日子。农家厨房都供有灶神。是日晚，将干草、大豆放在灶旁，以示为灶王喂马；用麦芽糖、枣糕供奉灶神（以此为供品，意为粘住灶神嘴，以防其上天言坏话）。祭时念“上天去言好事，下界来带金银，马腚上拴个娃子来”，并烧掉灶像。自此日始，各家清扫院落，洗衣理发，准备过年。今供奉灶神废止，但讲究卫生、食黏糕的习俗犹存。

新中国成立后，国家法定节日，如劳动节、国庆节、元旦为人们所重视，春节、元宵节、中秋节等节日氛围依然隆重，其他节日已逐渐淡出人们的生活。

民间文艺

鼓子秧歌　商河县是鼓子秧歌之乡，而玉皇庙镇的鼓子秧歌别具一格，其表演形式多种多样。整场秧歌以三节棍开场，旱船跑过之后，高跷、芯子、秧歌等陆续出场。其中，如九仙女飘然起舞的芯子，寓意为玉皇大帝的九个女儿，周围有十八罗汉保护，煞是好看。从阵形上看，其气势磅礴、场面宏大，三节棍为龙首，旱船、高跷、芯子为龙身，秧歌收尾，所有节目一气呵成。2006 年，商河县鼓子秧歌入选第一批国家级非物质文化遗产名录。

扇鼓舞

历史渊源　玉皇庙扇鼓舞由来已久，其舞蹈动作源于人们的田间劳作，以镇东温家桥村最为知名。当地历来有“蒋家的楼子宁家的棍（三节棍），温桥的鼓子不用问”的

秧歌起舞

扇鼓舞表演

说法，意思是指温桥的扇鼓舞闻名四方。东西温家桥两村的扇鼓舞乃一脉相承，已有三四百年历史。东温家桥位于玉皇庙镇西南方向 10 千米处，东温家桥村的扇鼓舞别具一格，自成一派。

发展现状 旧时东温家桥村有风俗，扇鼓舞传男不传女，传媳不传女。附近村不会跳该村的扇鼓舞，原因就在于它内部传承的封闭性。二十世纪五六十年代，扇鼓舞发展到鼎盛时期，每逢春节、元宵、秋收等节日，村里都组织扇鼓舞表演，以示庆祝。进入 21 世纪后，随着非物质文化遗产传承保护工作的深入开展，扇鼓舞艺术逐步走向开放，表演的观赏性明显提高，参与的人员逐年增加，渐为玉皇庙镇一景。

表演特色 主体角色有三种，即伞（以前 8～10 把伞，现在减为 4 把伞）、扇鼓、花（扭扇舞者），另穿插有高跷队员、武术队员，队员服饰统一。所持道具扇鼓最早的时候是一面蒙皮，后来演化为双面蒙皮，当时所谓的“皮”是以粗布代替。此种扇鼓道具未能保持原汁原味，现改换为唱戏的小鼓子，而原来的扇鼓跟箩筐底一样大。跑花的队员手持扇子和绸条，均为地花。扇鼓舞的主要道具是扇鼓，舞动起来像古代的扇子，故名“扇鼓舞”，其音乐铿锵有力，节奏明快，动作下蹲、踢腿，豪迈奔放。表演中，由打击乐伴奏，动作随着鼓点的变化而变化。扇鼓舞表演分文武场，文场也叫跑场，鼓点是快节奏的，武场也叫打场，表演要有动作和队形的变化，大鼓的节奏是慢的，也是单点。伞的风格是举伞，伞一直是在扇鼓的前面，叫领伞。领伞的人一般都是技术动作最好的，而且是全面手，熟知伞与鼓的所有动作套路，伞与鼓舞起来动作有力潇洒，充满激情，动作的结构技巧高超、严谨，表现出极强的律动感。基本动作有蹲、有起、有转、有踢，马步下蹲而后起跳属于高难度动作，整套动作刚劲有力。扇鼓舞表演队伍一般男女各半，整套表演气势恢宏，跌宕起伏，有联系，有发展，有转折，体现了扇鼓舞瞬间美和变化美，转身踢腿，干净利落。扇鼓舞在发展过程中，在原有动作基础上，进行多次改进、创新，形成扇鼓舞的不同特色。

过去完整的场阵包括双十字街、双街、双胡同、剪子股等，场子的跑法跟鼓子秧歌相仿。进入 21 世纪后，人们表演的场阵集中于十字街、双胡同两种。

传承　2008 年，商河县扇鼓舞入选济南市第二批非物质文化遗产名录。为进一步挖掘和传承这一非物质文化遗产，玉皇庙镇中心小学开展“扇鼓舞进校园”活动，把扇鼓舞编成校本课程，进行普及教育。玉皇庙镇现有传承名家 2 人。温大孝，1944 年 7 月出生，为扇鼓舞非物质文化遗产传承人。温兴元，1951 年出生，为乐队铜器手。

附：扇鼓舞的基本动作

伞和鼓是扇鼓舞队伍中的主体表演角色。伞是道具，它指挥变化各种场面队形的领头人，几名伞中有一名为领伞，由他示意其他头伞相互配合，指挥全场的变化。鼓者左手持直径约 27 厘米、厚约 5 厘米的圆鼓，右手持鼓棒，表演中可自由反转，击打左右两面。

伞的基本动作要领

第一节：基本动作——右手持伞左手拿绸，起步时双手从胸部分别向上下打开（如图第一拍），右脚起步踩点做踏步配合上肢动作（第二拍），

第一节第一拍

第一节第二拍

第二节预备

第二节第一、二拍

第二节第三、四拍

第二节第五、六拍

第二节第七、八拍

第二节第一拍第二拍循环

循环四个八拍进行。（领伞可根据场地自由掌握拍数）。

第二节：伞用力往外送出，身体舒展开（预备），左手上前与右手同时往下拽，右脚大踏步往后迈。伞再一次用力往外送，收回时下蹲（第三拍至第六拍）。高跳步，右腿抬起，左腿重心站稳（第七拍第八拍）。两手往胸部甩，右腿落地同时双手再次用力往胸部拽，身体稍倾斜。动作循环。

第三节：双人对伞前几拍基本动作与单人一样，两人面对面进行。

第三节预备

第三节第一、二拍

第三节第七、八拍

第四节预备

第四节第一、二拍

第四节第三、四拍

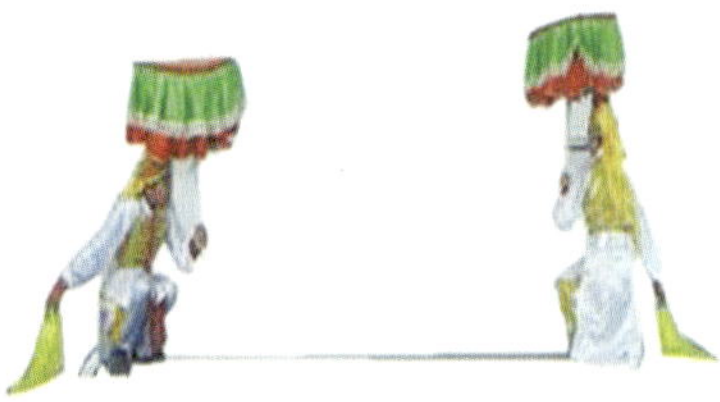

第四节第五、六拍

第四节第七、八拍

第四节：双人串花。第三拍、第四拍为大踏步身体从对方右侧转身换位，做下蹲动作（第五、六拍）。整套动作根据领伞需要循环。

鼓的基本动作要领

第一节：双手高举持鼓从右侧敲击鼓面并划向腰部左侧。右脚起步踩点小踏步配合上肢动作，做四个八拍（由领伞掌握节奏）。

第二节：右手端鼓左手点鼓从右上方划下（预备 1），右脚向前高抬两步并落地成弓步同时双手从腰部上行回到头部，此时手腕翻转敲击鼓的另一面（预备 2）。双手高举再敲击鼓的正面（第一拍），划向身体背部，身体稍向前倾，右脚向内侧勾（第二拍）。双手从后面再移到胸前打鼓面（第三拍），接着高抬右腿鼓在右腿下方在敲击一次（第四拍），鼓在移向胸前

第一节第一拍

第一节第二拍

第二节预备（1）

第二节预备（2）

第二节第一拍

第二节第二拍

第二节第三拍

第二节第四拍

第二节第五拍

第二节第六拍

第二节第七、八拍

敲击一次（第五拍），转身后再高抬右腿击鼓面（第六拍）。后再转回原位成弓步（第七、八拍）。

第三节：双人对打，面对面进行。双人对打的方向总是相反的。

第三节预备

第三节第一拍

第三节第二拍

第三节第三拍

第三节第四拍

第三节第五拍

第三节第六拍

第三节第七、八拍

第四节第一拍

第四节第二拍

第四节第三拍

第四节第四拍

第四节第五拍

第四节第六拍

第四节第七、八拍

第四节：串花——在对打的基础上，双方完全交换位置就是串花。

伞鼓结合基本动作要领

第一节：基本步（根据领伞的节奏掌握节拍）。

第一节第一、二拍

第一节第三、四拍

第二节基本步

第二节预备

第二节第一拍

第二节第二拍

第二节第三拍

第二节第四拍

第二节第五拍

第二节第六拍

第二节第七、八拍

第二节：完整动作节拍。伞和鼓的基本动作与单人动作一样，配合好大鼓点即可。当伞做下蹲动作时，鼓就开始打整套动作。

扇鼓舞的队形变化

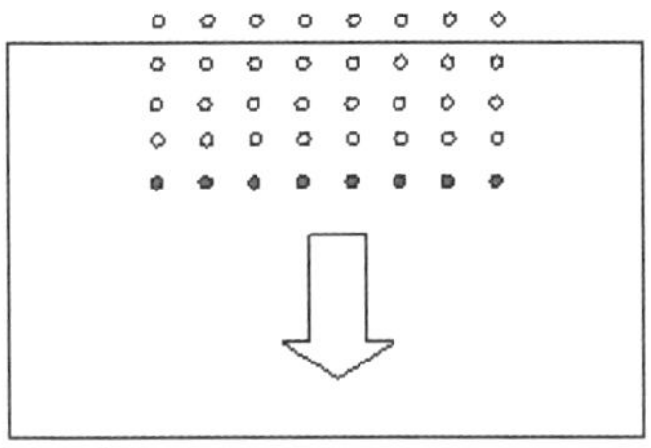

（1）出场方队

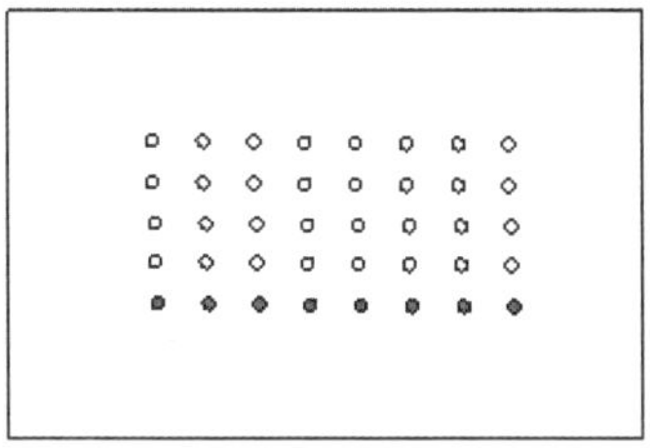

（2）方队（全套动作）

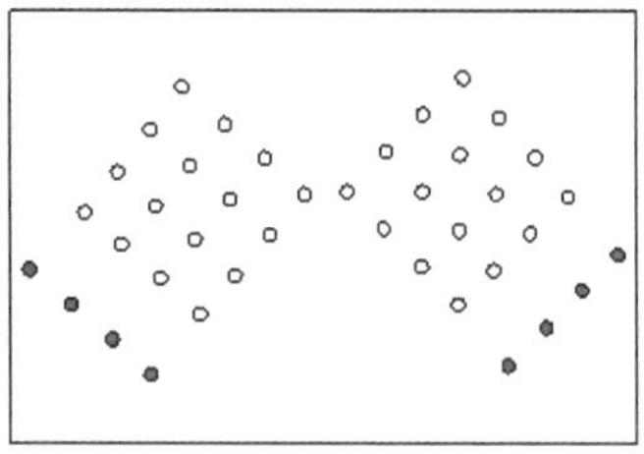

（3）方队分两队

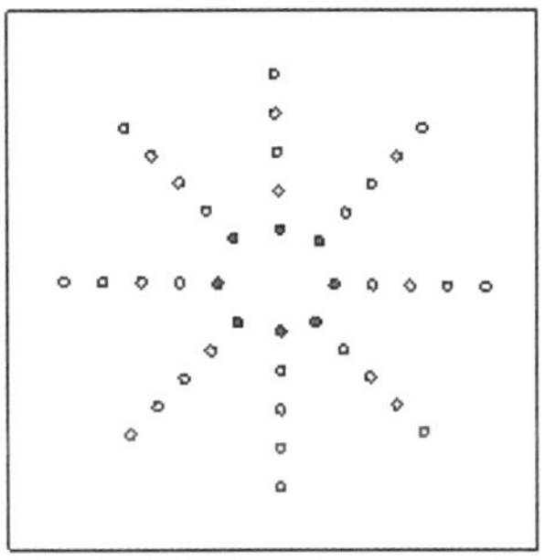

（4）由两队摆成放射状队（循环八人一组交替表演）

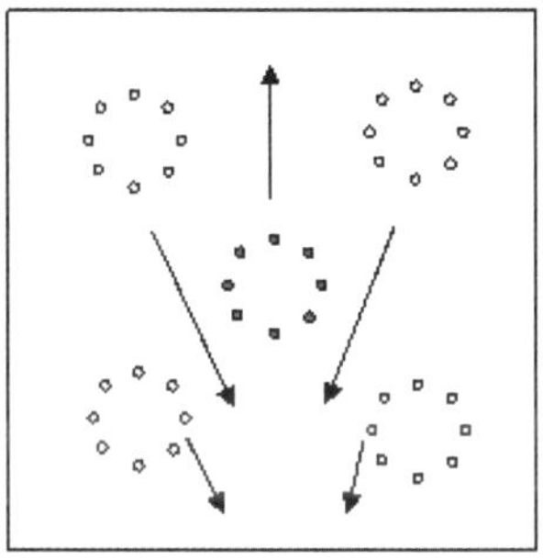

（5）梅花队形（全套动作）再按箭头方向排成

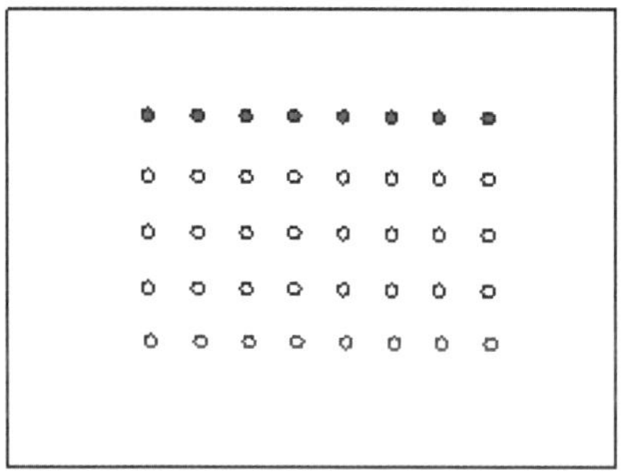

（6）方队（基本步）

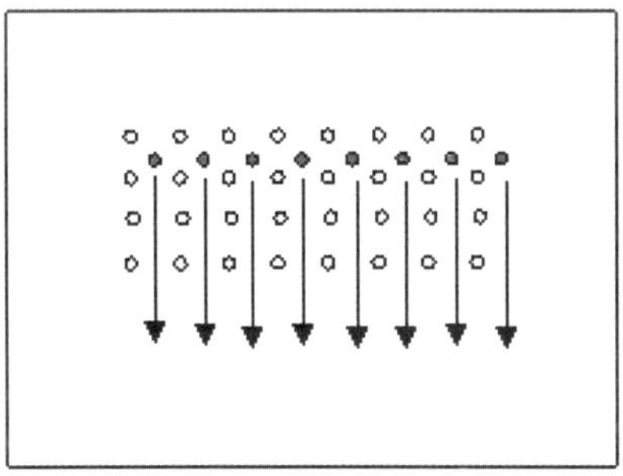

（7）伞跑到前列（伞全套动作，鼓基本步跟）

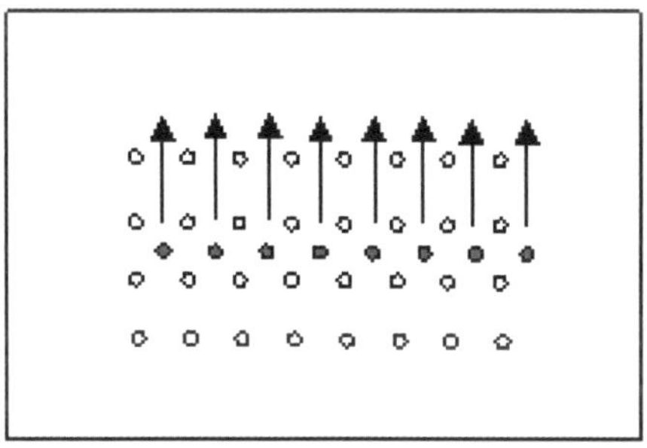

（8）伞跑到后面（鼓全套动作，伞基本步跟）

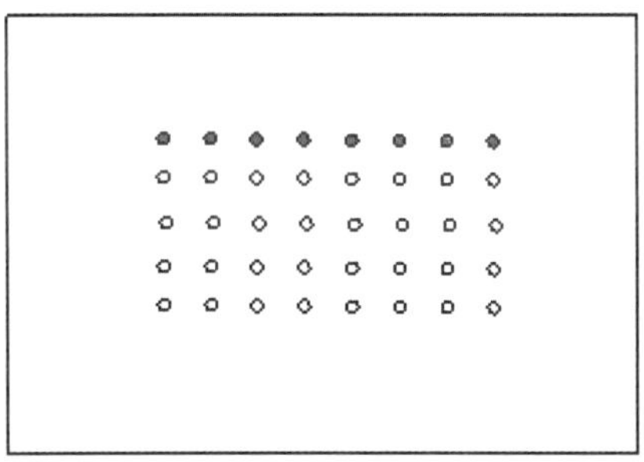

（9）方队整合结束

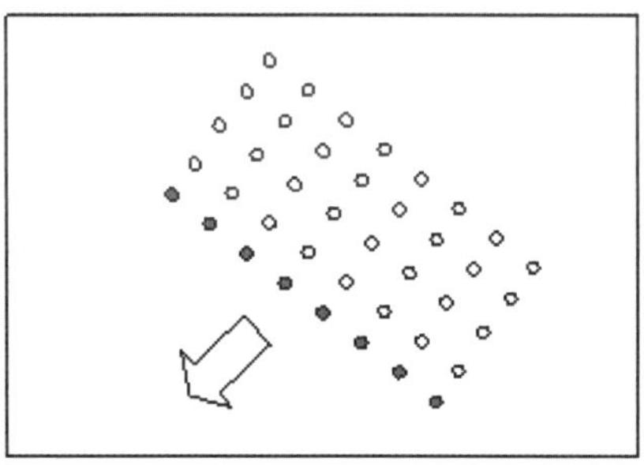

（10）方队退场

方言

依据商务印书馆2013年出版的《中国语言地图集》（第2版）的方言划分标准，玉皇庙方言属北方官话的冀鲁官话，山东方言的西齐片，融合了商河、济阳、临邑话的特点。

语音特点 玉皇庙方言声母与普通话声母基本一致，舌尖后音zh、ch、sh拼合的字音，当地话一般读作舌尖前音z、c、s拼合的音。例如：之（zhī）读作吱（zī），翅（chì）读作翅（cì），诗（shī）读作诗（sī）。韵母an音节的字，如安（ān）、氨（ān）、俺（ǎn）、按（àn）玉皇庙方言读作ean。韵母中lei音节的字，如雷（léi）、磊（lěi）、累（lèi），玉皇庙方言都在韵母ei前加u，读作luei。

玉皇庙方言在声调上与普通话的差异，主要是调值差别较大。普通话中阴平字，玉皇庙方言大都读作三声。如花（huā）读作花（huǎ）、春（chūn）读作春（chǔn）、开（kāi）读作开（kǎi）、天（tiān）读作天（tiǎn）。

另外，玉皇庙方言中某些单字有习惯性读法和特定词中的变读。例如：售（shòu）货员读作售（chōu）货员，土堆（duī）读作土堆（zuī），反映（yìng）读作反映（yāng），做（zuò）饭读作做（zóu）饭，棉（mián）花读作棉（niáng）花，还（hái）要读作还（hān）要。

词法特点 玉皇庙方言词法与普通话基本相同，但也有一些特殊的语法现象。玉皇庙方言中名词缀子、头及方位词、动词缀头的数量较多，例如舌头（舌）、手指头（手指）、脚指头（脚趾）、麦子（小麦）、棒子（玉米）、洋柿子（番茄）、豆子（大豆）、蜂子（马蜂）、夜猫子（猫头鹰）、蜜虫子（蚜虫）、地排子（鼹鼠）、胰子（肥皂）、戳子（印章）、酒盅子（酒杯）、前头（前面）、后头（后面）、上头（上面）、下头（下面）、婶子（叔母）、妗子（舅母）、小孩子（小孩）、砖头（砖）。玉皇庙方言中的形容词后缀也比较丰富。例如：香喷喷的、臭烘烘的、辣乎乎的、甜丝丝的、热乎乎的、凉飕飕的、黏糊糊的、傻乎乎的、黑漆漆的、红彤彤的、苦不溜唧的。在指示代词中，玉皇庙方言多用那（nē）相当于普通话中的“那”，其中用在名词性词语前指示比较远的人或事物。例如：那（nē）人、那（nē）孩子、那（nē）车。在量词中，玉皇庙方言中的量词用“个”最多，例如：一个（顶）帽子、一个（座）房子、一个（块）砖头、一个（张）桌子、一个（只）鸡等；玉皇庙方言还使用具有浓厚地方色彩的量词。例如：犊搂（lóu）[这犊搂（串）葡萄快熟了]；青杜（dú）[这青萿（朵）花着实好看]；青接[这青接（块）地是谁的]。在“的”字用法中；玉皇庙方言中“的”字念 di；对从事某种职业的人常用“的”字组成“的”字词组表示其职业特点。例如：开车的（司机）、种地的（农民）、教书的（教师）、家里头的（妻子）、送信的（邮递员）、玩八戏的（杂技演员）、要饭的（乞丐）。在程度副词中，玉皇庙方言中一般用快（快热、快凉、快难受）、着（zhāo）实（着实多、着实厉害）、刚（gāng）着（刚着好了、刚着热了），等等。同时，修饰形容词的程度副词丰富。例如：雪白、煞白、漂白、通红、焦黄、焦绿、焦酸、崩脆、扛脆、棒硬、扛辣、稀甜、齁咸、扛咸、老香、挺鲜、冰凉、闷热、绷紧、溜滑、生疼、菲薄、楞厚、漆黑。

句法特点 玉皇庙方言句法与普通话差别较小，多表现在比较句、反复问句、选择关系词语中。普通话比较句说“张三不如李四”，玉皇庙方言中常把“不如”说成“不跟”、“赶不上”（我赶不上人家存钱多）；普通话反复问句中常用“是不是”“行不行”“好不好”，玉皇庙方言还说成“是啊吧”“行啊吧”“好啊吧”等。普通话复句的关联词语递进关系的常用“不但……而且……”，玉皇庙方言常用“不光……还……”（他不光上高中，还要上大学）；普通话选择关系中未定性选择的关联，常用“或者……或者……”“要么……要么”，玉皇庙方言常用“要不……要不……”（要不你去，要不我去）；普通话既定性选择关系的关联词语，常用“与其……不如……”，玉皇庙方言常用“……的话……还不如……”（你个人干的话，还不如咱俩一块干好）；普通话假设关系的关联词语，常用“如果……就……”，玉皇庙方言常用“要是（要不是）……的话……那就……”。

俗语

谚语

沙土地看苗，红土地吃饭

白露早，寒露迟，秋分麦子正当时

谷雨前后，种瓜种豆

头伏萝卜末伏菜

有钱买种，无钱买苗

人误地一时，地误人一年

有钱难买五月旱，六月连阴吃饱饭

七月十五知旱涝，八月十五定收成

八月十五云遮月，正月十五雪打灯

一场秋雨一场寒，十场秋雨得穿棉

小雪封地，大雪封河

一九二九不出手，三九四九冰上走，五九六九河边看柳，七九河开，八九燕来，九九加一九，耕牛遍地走

云向东一阵风，云向北一阵黑，云向南雨涟涟，云向西水没鸡

天上鱼鳞天，晒谷不用翻

月亮带风圈，不下雨也阴天

东虹云彩西虹雨，南虹出来卖儿女

鸭子嘴不是砸的，蛤蟆嘴不是剌的，牛皮不是吹的，泰山不是垒的

穷家难舍，故土难离

当官的嘴，当兵的腿

不当家不知柴米油盐贵

不打不相识，不打不成交

阎王好见，小鬼难缠

好事不出门，丑事传千里

一个篱笆三个桩，一个好汉三个帮

人多瞎胡乱，鸡多不下蛋，猪多无好食，人多无好饭

打人不打脸，骂人不揭短

人争一口气，佛争一炷香

穷在大街无人问，富在深山有远亲

肚里无食人不知，身上无衣有人欺

人越玩越懒，嘴越吃越馋

孩子自己的好，庄稼人家的好

鱼找鱼，虾找虾，鲇鱼找蛤蟆，王八找个鳖亲家

好儿不指祖业地，好女不穿嫁妆衣

远亲不如近邻，近邻不如对门

吃不穷喝不穷，算计不到就受穷

宁吃鲜桃一口，不吃烂杏一筐

歇后语

二斤半锅饼——够呛

二十一天孵不出鸡来——坏蛋一个

三脚踹不出屁来——老实透了

四十里撵蚂蚱——图的是口气

小葱拌豆腐——一清二白

大闺女坐轿——头一回

大水冲了龙王庙——自家人不认自家人

土地爷放屁——神气

丈母娘住闺女家——当家不做主

公公背儿媳妇过河——费力不讨好

外甥打灯笼——照旧（舅）

孔夫子搬家——光输（书）

聋汉的耳朵——摆设

锅腰子上山——钱（前）紧

瞎子点灯——白费蜡

秃头上的虱子——明摆着

公鸡趴窝——不简单（见蛋）

王八看绿豆——对眼了

老鼠钻风箱——两头受气

老母猪吃碗碴——满嘴是词（瓷）

砂锅子捣蒜——一槌子买卖

夜猫子进宅——没事不来

狗逮耗子——多管闲事

瞎猫逮个死老鼠——碰巧了

屎壳郎搬家——滚蛋

屎壳郎戴花——臭美

鸡蛋里找骨头——没事找事

见了丈母娘叫大嫂——无话找话

吃河水长大的——管的宽

竹篮子打水——一场空

肉包子打狗——有去无回

做梦娶媳妇——想好事

脚趾头上挂灯笼——名（明）角（脚）

腊月里生人——动（冻）手动（冻）脚

骑毛驴看书——走着瞧

嘴上抹石灰——白说

擀面杖吹火——一窍不通

凉锅贴饼子——出溜了

秋后的蚂蚱——蹦不了几天了

嘬嘴骡子卖个驴钱——坏在嘴上

烧火棍子——一头热

茅坑里的砖头——又臭又硬

习惯用语

自然时令类：

一霎霎——一会儿

多暂——什么时候

老大闷子——较长一段时间

沉一沉——等一等

今（jī）门——今天

夜来——昨天

前日——前天

后日——后天

头晌午——上午

晌午——中午

过（gè）晌午——下午

将黑天——傍晚

后晌——晚上

黑下——夜间

大尽——大月

小尽——小月

头年——去年

隔年——明年

光明、光明奶奶——月亮

扫帚星——彗星

雹子——冰雹

呱啦——霹雳

打呱啦——带闪电、声音很响的雷

反巴拉兹——雪珠（雪中带冰粒）

冻冻——冰

半阴天——多云

好地——肥沃地

孬地——贫瘠地

湾——池塘

坲（bú）土——尘土

旮哈旯——角落

碱脚——墙基

角门——院门

过（gè）道——胡同

排水沟——下水道

称谓类：

奶奶、嬷嬷、囡囡——祖母

奶、娘、妈——母亲

大爷、大爸——伯父

大娘、大妈——伯母

二爸——二伯父

二妈——二伯母

花爸花妈——刚结婚的伯父伯母或叔父叔母

婶子——叔母

公母俩——夫妻俩

爷们（掌柜的、外头人们）——妻称丈夫

娘们（老婆、烧火的、做饭的、屋里的）——丈夫称妻子

小子——男孩

一担挑、挑不动、连襟——女婿之间互称

剃头的——理发员

送信的、送报的——邮递员

收破烂的——收废品的

青菜贩子——集市上卖菜的人

换布绦子的——货郎

打铁的——铁匠

要饭的——乞丐

愣头青——鲁莽的人

断道的——拦路抢劫的强盗

生产生活类：

爷爷儿——太阳

爷爷地儿——太阳光照的地方

荫爷地儿——荫凉的地方

晒爷爷儿——晒太阳

月黑子天——阴天，没有星星、月亮的夜

歇着——休息

溜达——散步

啦呱——讲故事

抬杠、拌嘴——吵架

卷人——骂人

打巴儿、拍马溜须、拍马屁——巴结别人

包药——买药

籴粮食——买粮食

粜粮食——卖粮食

请纸——买烧纸

抽衣裳——洗衣服

扫天井——打扫院落

闹玩儿——开玩笑

咋着——怎么样

爱咋地咋地——不管不顾

冒不知地、猛个丁地——突然

上坡——下地劳动

打药——喷药

耩地——播种

耪地——锄地

身体、疾病方面：

爷拉盖——前额

腮帮子——腮

痦子——黑痣

眼眉——眉毛

肋叨——耳朵

肋叨眼子——耳朵眼

肋碎——耳屎

牙花子——牙龈

胳嚓窝——腋下

肋条——肋骨

指甲盖子——指甲

脊梁——背

波拉盖——膝盖

脚丫子——脚

手丫巴——手指缝

脚丫巴——脚趾缝

不松欢、不松快、不舒坦、撩不起眼皮来——身体有病

疯憨——精神病人

拉肚子、闹痢疾——腹泻

冻着了、凉着了——感冒

痨病——肺结核

臊疙瘩——痤疮

热疙瘩——痱子

锅腰子、前探身——驼背

豁豁嘴——兔唇

起燎泡——上火

着（zháo）人——传染

服饰、饮食类：

褂子、布衫——单上衣

裤衩子、裤头——内裤

布袋、荷包——衣兜

褯（jiè）子——尿布

围脖——围巾

水鞋——雨鞋

趿拉板——木拖鞋

坠子——耳环

饺子、小包子——水饺

箕子——用来擀饺子皮的小面团

馍馍——馒头

卷子——方形馒头

汩瘩汤——疙瘩汤

黏粥、糊糊——玉米粥或面粉粥

团子——粗粮包馅的圆形食物

果子——油条

下水、下货——猪、牛、羊的内脏

泔水——洗锅刷碗碟的水

干粉——粉条

饥困——饿

干渴——口渴

缉菜——用筷子夹菜

上犒劳——改善生活

喝西瓜——吃西瓜

撮一顿——聚餐

动作性状类：

咽——吮吸

谝拉——炫耀

挑伙、挑唆——怂恿

扯舌头——搬弄是非

诓人——说谎话骗人

胡诌——信口瞎编

误计——说谎

咋呼——高声喊叫

说嘴——自夸、炫耀

嚏喷——喷嚏

欢喜（qì）——笑

拂（fó）人——用巴掌打人

胳擦——搔人腋下

鼓捣——反复摆弄

摞——钉东西

揽——搂抱

撩跟头——摔跤

跐——踩、踏

出溜——下滑

轱踊——动弹

扎挂——打扮

样方儿——衣服漂亮

四称（chèn）——衣服合体

觑顾——注意

烦恶（wù）——讨厌

板生（sēng）——整齐、漂亮

尽心——故意

寻思、估摸——思考

呛咕——商量

打谱——准备

倔巴——倔

降（jiāng）——牲畜生育

老实巴交——诚实忠厚

胡琐丢——不正经

老磨蹭——拖拖拉拉

马大哈——粗心大意

口（kóu）——小女孩厉害

花花达达——不均匀

焦干——很干

焦黄——很黄

漆黑——很黑

齁咸——很咸

奸——刁滑

俊——美

勤利——勤快

肃静——清静

悬乎——危险

老些——很多

白红事类：

红事——结婚

有了、有喜、双身——怀孕

小月子——早产

嫁人家——改嫁

后婚——男子再婚

白事——丧事

咽气——人死

出丧——出殡

房舍、器具类：

家业——家产

天井——院子

饭屋——厨房

堂屋——正房

板床子——小凳子

担杖——扁担

水瓮——水缸

筲——水桶

燎壶、吊子——水壶

缸子——水杯

茶碗——茶杯

戏匣子——收音机

棒棍——捶衣棍

电棒子——手电

铜盆——脸盆

胰子——肥皂

拐棒——拐杖

戳子——印章

小银圆——硬币

毛票——五角以下的纸币

炭——煤

洋灰——水泥

吸铁石——磁铁

黄香——松香

太平车——手推胶轮车

骑车子——自行车

鞍子——自行车座

电驴子——摩托车

铁牛——拖拉机

动物、植物类：

头牯——牲口

大头牯——马、骡

犍牛、牤牛——公牛

驷牛——母牛

儿马——公马

骒马——母马

叫驴——公驴

草驴——母驴

牙狗——公狗

脚猪——公猪

母猪头——种母猪

羖羖——公羊

鹁鸪——鸽子

家猫——家兔

野猫——兔子

彼子——狐狸

长虫——蛇

老鸹——乌鸦

家雀（qiǎo）——麻雀

夜猫子——猫头鹰

野雀（qiǎo）——喜鹊

凿达木子——啄木鸟

鼹白虎子——蝙蝠

虼蚤——跳蚤

蚂楞——蜻蜓

马蛸子——蜥蜴

米蛘——蚂蚁

蚰蜒——百足虫

蜜虫子——蚜虫

蚂蚱——蝗虫

花媳妇、花大姐——瓢虫

当螂——螳螂

仓老鼠——田鼠

地排子——鼹鼠

老蛸、蛸钱——蝉

马虎、(老牛、蛸蛸猴)——蝉的幼虫

鲫扁——鲫鱼

地蛐——蚯蚓

蛤蟆——青蛙

癞蛤蟆——蟾蜍

蛤蟆蝌胎子——蝌蚪

滑匹——蚂蟥

长果——花生

棒子——玉米

朝阳花——向日葵

洋柿子——番茄

秆草——谷秸

地瓜母子——甘薯种苗

秫秸——高粱秆

钻天杨——加杨

樗树——臭椿

张氏世家

纵览历代县志，后唐至清道光时期（923—1850）商河在册记录的共有十八位乡贤，其中玉皇庙镇张大人村张氏家族有张绅、张咨、张奇、张九叙、张邦瑞五人。该村张氏一脉相传，贤者辈出，从政则清，持家则仁，有“商河明清第一村”之称。

传家六百年

发端 玉皇庙镇张大人村原名许德顺村，创立村庄年代不详。据张大人现存家谱记载，始祖张巨川，原籍青州府乐安县城北榆林村（今东营市广饶县乐安街道办事处榆林村），元末携子避乱到商河。从乐安迁至商河原有两支，一支住在城南，一支住在城北，虽迁入商河时间不同，但都迁自榆林村，为同宗一脉。

关于“张大人村”村名由来，根据 2010 年修的张大人村《二甲张家谱》记载有两种说法，摘录如下：其一，张大村原老庄，九叙祖为状元，忠君爱国，有大臣之情操，最终提升为兵部左侍郎，加衔少司马，为当世名臣，人称张大人，因名其村为“张大人村”。其二，邦瑞祖为郎中时，以年历资格应调至芜湖扎新关，可得黄金万两，邦瑞力辞不要。朱厚熜登基时，赋七言诗两首加以赞赏并召之重用，邦瑞祖仍上书力辞，以知府而终。皇上嘉奖邦瑞祖“志节清廉”，称邦瑞祖“有大人之风”，因此表彰其村为“张大人村”。

据《商河县志》记载，1368 年 3 月，朱元璋遣徐达等北取中原，兵至商河，县尹梁济民率众归附。另据《临清县志》记载，洪武元年（1368），闰七月，明大将徐达会诸将于临清，引而北发，陷德州，克长芦、清州、直沽，水陆并趋河西务进逼通州。是年，大旱，税粮免征。史载当时商河灾疫流行，幸免者十不二三。明太祖朱元璋下旨，凡近期迁去民众可免劳役，免租一年。于是张大人村张氏始祖张巨川决定留居商河，被编户在顺德乡七里二甲版籍内。据此推定，始祖张巨川迁居商河的时间是明洪武元年，这一结论也从历

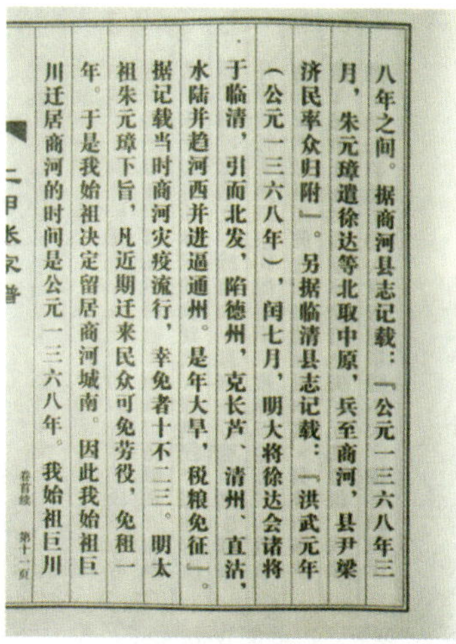
八年之间。据商河县志记载：「公元一三六八年三月，朱元璋遣徐达等北取中原，兵至商河，县尹梁济民率众归附」。另据临清县志记载：「洪武元年（公元一三六八年），闰七月，明大将徐达会诸将于临清，引而北发，陷德州，克长芦、清州、直沽，水陆并趋河西并进逼通州。是年大旱，税粮免征」。据记载当时商河灾疫流行，幸免者十不二三。明太祖朱元璋下旨，凡近期迁来民众可免劳役，免租一年。于是我始祖决定留居商河城南。因此我始祖巨川迁居商河的时间是公元一三六八年。我始祖巨川

二甲张氏谱

《二甲张家谱》有关先祖来源的记载

代《张氏家谱》的记载中得到印证。

传家 自明初张大人村氏始祖张居川定居商河，张氏家族现已增至二十七世，繁衍遍天下，根脉相连，血缘相亲，张大人村张氏开枝散叶，后裔分布在山东、河南、河北、江苏、吉林、黑龙江等省数十个村庄。其中，以商河张大人村最为集中，且坚持编修家谱，根脉相传，未有中断。2005 年，恢复重建历史记载的进士坊等为人称道的三大牌坊。2019 年，张大人村史纪念馆规划设计通过玉皇庙镇人民政府审批后，正式开工兴建，张大人村张氏世家历经 650 余年根脉相传，在历史悠久的商河大地上铭刻下最新的烙印。

家谱里的“一门十二坊”

规模 明清时期，张大人村被册封兵部司马 1 人，正四品官员 4 人，俱以廉能称著

张大人御赐牌坊

牌坊底座石狮

于世。特别是经当朝皇帝批准相继修建的十二座牌坊，显示该村明清时期的辉煌与荣耀。因年代久远，这些牌坊有的风化坍塌，有的毁于动乱年代。2005 年，在县、镇两级政府帮助支持下，张大人村根据家谱记载的牌坊画图，按同材质、同比例在原址复建“进士坊”牌坊。

重要牌坊 登瀛坊，为举人张绅立。张绅，明宣德年间（1426—1435）举人，由举人历任巩县、麟游二县知县，后来升任均州知州，都以清廉有为著称于世。

联璧坊，为举人张咨立。张咨，于明天顺三年（1459）参加乡试，任光州涿州知州，升卫辉九江知府，终河东都运盐使司运使，晋大中大夫，资治卿尹，敕建联璧坊。张咨任职期间令行禁止，吏畏民服，刚介有为，不畏权要。当时宦官握权，上下无不奉承相迎，唯有张咨不卑不亢，据理力争。因政绩突出，升任卫辉九江知府，其刚强有为的政声更加高涨。之后，升任河东盐运使司运使，盐法执行力度大为加强，威慑之下，奸商污吏不再敢胡作非为。张咨在任未满 60 岁即辞去公职还归故里，直至去世。

世科坊，为举人张谔立。张谔（张绅之子），明景泰七年（1456）举人，历任河南府通判、顺德府知府。敕建世科坊，诰赠朝仪大夫，资治卿尹。

三桂坊，为举人张吉立。张吉（张绅之子），明成化元年（1465）举人，任直隶曲阳县知县。

绍光坊，为举人张奇立。张奇，字士美，别号竹轩，明成化十年（1474）乡试中

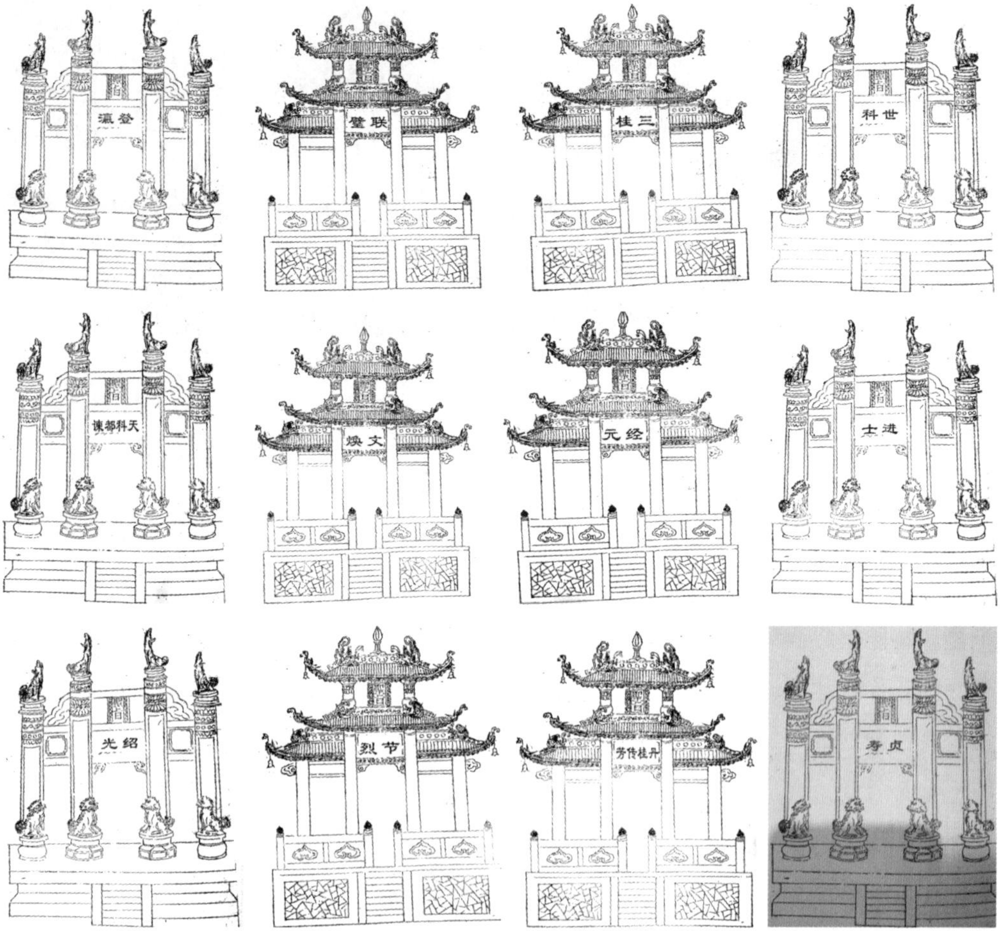

《二甲张家谱》中的牌坊（2017 年）

举，任望江县知县，升湖广黄州通判，终阶州知州，进阶奉直大夫，协正庶尹，敕建绍光坊。任职望江知县期间，他具有很高的声望，被列入当地名宦录。后任职通判和知州，其事迹在安庆府、阶州、望江三地志书中都有记录。

文焕坊、进士坊、天科都谏坊，为张九叙（张咨之子）立。张九叙，字禹功，号桐冈，明弘治五年（1492）乡试中举，弘治十八年中进士被钦点翰林院庶吉士。历户刑科左右给事，转太仆寺少卿，调太常寺提督四夷馆官御，升南京右佥都御使，总理江防事务，卒擢兵部左侍郎，加衔少司马。追赠正奉大夫，正治卿，嘉靖八年（1529）八月五日卒于商河张大人村，敕建“文焕”“进士”“天科都谏”坊，其中“进士坊”于 2005 年在原址按原比例重建。一人被表彰修建三座牌坊，可见张九叙在张氏家族中举足轻重，事迹卓然。

经元坊，为张九霄立。张九霄，弘治十七年（1504）乡试举人，经魁任直隶永平府判，敕封承德郎。

丹桂传芳坊，为张邦瑞立。张邦瑞，正德二年（1507）乡试举人，任南京兵部司务，升户部云南清吏司郎中，终贵州石阡府知府，敕建丹桂传芳坊，敕封中宪大夫。任职期间，因清正廉洁，被嘉靖帝嘉奖。最终任石阡府知府，辞官回家时两袖清风，所住房屋仅能遮蔽风雨。

贞寿坊，为七世孔氏祖母（张九叙妻）立。

节烈坊，为十七世慎齐之妻王氏立。

少司马张九叙

张九叙传略 张大人村七世族祖张九叙（1469—1529），字禹功，号桐冈，自幼聪敏好学。他弘治五年（1492）参加乡试，并考中举人。弘治十八年考中进士，钦点翰林院庶吉士。历任户刑科左右给事、吏科都给事、太仆寺少卿、太常寺提督、南京右佥都御史、兵部左侍郎加少司马，追赠正奉大夫。

考中进士这年，张九叙因为文才优异被选入翰林院庶常馆进修深造。正德二年（1507）后，张九叙被分配到户科和刑科分别任左右给事中。在当时，左右事中负责钞发章疏，稽察违误，权位颇重。当时宦官刘瑾凭借自己掌司礼监的权力，上欺天子，下压群臣，掠夺民间土地，增设皇庄三百余处。有个李校尉用钱买通了刘瑾，成为刘瑾的帮凶，借势为非作歹，强抢民田。尽管民怨沸腾，但一些执法者敢怒不敢言，有法不敢执。后明武宗朱厚照下令查办刘瑾，领命的就是张九叙。张九叙上承天命，下体民生，处案时不畏权贵，依法办事，很快将李校尉之流强占的民田如数追回，归还老百姓。但刘瑾仍横行朝野，使张九叙受到极大的压力和攻击。张九叙团结朝内正义的力量同刘瑾之流进行了一场殊死斗争。明正德五年（1510），猖狂一时的刘瑾以“图谋反叛”的罪名被处死。

此时，明武宗朱厚照在奸臣江彬的诱使下，不理朝政，四处巡游。明正德十三年（1518），江彬使其党羽从西域选来一大批美女，建造史上有名的“豹房”。江彬趁机横行朝野，卖官鬻爵，大肆敛财。明武宗不仅未察江彬的行迹，反而下旨工部大兴土木，兴修“少府”，让江彬居住。对江彬的行径已忍无可忍的张九叙又一次拍案而起，连上奏折，坚决要求停建“少府”。在张九叙的强烈请求下，“少府”停建。嘉靖帝继位后，江彬恶行震怒天子，最后落得被磔（把肢体分裂）的下场。

江彬死后，张九叙等一批谏臣被提拔，其中张九叙即升吏科都给事、太仆寺少卿。嘉靖三年（1524）调任太常寺提督，兼管四夷馆。嘉靖六年春，天下大旱，南方长江水域部分河道干涸，江洋大盗啸聚山林。其中，黄保、孙二两股黑恶势力达数百人，杀人无数，明抢暗夺，民不聊生，地方政府又毫无办法。嘉靖皇帝委升张九叙为南京都察院右佥都御史，总理江防事务。张九叙上任后，“周视江洋，召诸长吏而授以剪盗之策。行未浃辰，而黄保孙二辈果就缚，舟楫济济然江河间矣。吴人服公，以为神云”。然而，匪盗刚灭，旱蝗又起，百姓雪上加霜，叫苦不迭。张九叙修拟数千言的《德回天疏》，向朝廷汇报灾情，申请救济。地方政府官员文过饰非，竟然“大怒之，不报”。张九叙重修一折，结果又被地方压住。张九叙无奈，只好“百计调停”，方使得“民仅免荒”。

明嘉靖七年，也就是张九叙平匪赈灾之后的第二年，皇上采纳奸臣张孚敬的“荐举”，免去张九叙佥都御史职务，而“晋升”为衮司。衮司，即专司皇帝和上公礼仪和服装的官员。此为明升暗降。

明嘉靖八年，张九叙抑郁成疾，染上背疽，于农历八月初五逝于故里。临终前，张九叙拉着其族弟、南京户部郎中张邦瑞的手交待自己后事，敦请张邦瑞一定要请时任翰林院编修的济南同乡范瑟为自己撰墓志铭。时过十六年，张邦瑞才得以拿着同僚的介绍信找到范瑟求撰墓志铭。范瑟见面后慨然答应，并饱蘸真情写下张氏家族亘古不忘的《明南京都察院佥都御史张公墓志铭》。在墓志铭里，范瑟高度评价张九叙的功绩和人品道德，对奸党佞臣进行毫不留情的抨击，也对明皇帝进行了暗讽。

张九叙逝世后，有诗人写下《七律·过桐冈先生墓四章》，抒发对张九叙这位一代谏臣的无限哀思和崇敬之情。照录第二章如下：

望重正嘉世所称，到今还说旧中丞。南都人避青鬃马，北阙名高玉壶冰。半亩荒垅余断碣，一轮寒月照孤塍。阴虫啾唧北风起，禾黍油油夕露凝。

张九叙年谱 明成化五年（1469），出生。

弘治十八年（1505），考中进士（时年 36 岁）。

正德二年（1507），由翰林院庶吉士授户科给事中（时年 38 岁）。

正德四年，升刑科右给事中（时年 40 岁）。

正德五年，其父咨去世，春一月二十三日，弹劾已故尚书秦纮（时年 41 岁）。

正德六年，回京升户科左给事中（时年 42 岁）。

正德九年，复除，补户科左给事中（时年 45 岁）。

正德十年，其母病故归籍，当年回京（时年 46 岁）。

正德十三年，复除，补工科左给事中（时年 49 岁）。

正德十六年，升吏科都给事中，四月弹劾大学士梁储结附权奸、持禄固宠，五月弹劾前兵部尚书王琼。

嘉靖元年（1522），升太仆寺少卿（时年 53 岁）。

嘉靖三年，任职太常寺提督四夷馆（时年 55 岁），这一年因参与议礼风波，在政治上受到沉重打击，迁任山东巡抚。

嘉靖六年，任南京都察院右佥都御史，操江提督。（时年 57 岁）。

嘉靖七年春，考核天下巡抚级的官员，以年老多病为由，发回原籍，听候重新任命。

嘉靖八年秋，病故（享年 60 岁）。

张九叙墓志铭[①] 嘉靖乙丑八月五日，南京右佥都御史张公卒於商河之故里。癸巳十二月口日祔葬先大夫之茔。后十有六年甲辰，其从弟、南京户部郎中邦瑞持贾郎状来请铭，曰："先兄临危，命阙志石，以待能文。能文者，先生也。愿得一言，以铭不朽。"史氏范瑟曰："公，吾乡之英也。天夺我公而弗以庇吾乡，吾又其曷忍铭！"惟公之行在于下。方今上御极之五年，丁亥春，河汉水涸，江洋盗起，长洲剧贼黄保、孙二党数百人啸聚江皋，杀人莫能制。公时卿贰太常，天子重公才名，特升南京右佥都御史，理江防事。至，即周视江洋，召诸长吏而授以剪盗之策，行未浃辰，而黄保、孙二辈果就缚，舟楫济济然江河间矣，吴人服以为神。移时旱蝗为孽，百姓嗷嗷。公上《修德回天

① 原题《明南京都察院佥都御史张公墓志铭》，翰林院编修济南范瑟撰文。

疏》，反覆时事数千言。执政者大怒，不报。公曰：“可以去矣。”疏再上，乞退，不报。公乃百计调停，民仅免荒。张孚敬奏曰：“宪臣风纪之司，宜示黜陟，以彰天威。”孚敬盖阴祸公矣。呜呼！公，吾乡之英也，使公晋职衮司，进退百官，当必有可观者，乃竟弃置已矣，君子为之流涕。呜呼！公在先朝弘治乙丑赐进士出身，选翰林吉士。武宗即位，历户、刑科左、右给事中。会逆瑾窃柄，中外震慑。辽府有李校尉者，以贿结瑾，时藉其势为不法，有司莫敢非。既而肆毒及府，侵其田若干亩。府奏上，命公鞫之，辄按以法，归其田如数。人人为公危瑾竟不能祸。庚午，瑾诛，公又与谢都谏讷指摘奸党，中外快焉。戊寅武宗悦西域胡僧术，赐以紫宫。江彬得倖，旨又下工部，起少府以为彬居。公俱力请罢之。辛巳，彬诛，升公吏科都给事中，寻转太仆寺少卿。逾岁调太常寺，提督四夷馆，官衔如故，盖以旌公敢谏之忠云。呜呼！当逆瑾未败时，声势气焰夺人魂魄，公能抗节，不为少屈，其於义利之辨为何如哉！公讳九叙，字禹功，号曰桐冈。世为商河人，其祖曰绅，均州知州；父曰咨，河东转运使，晋太中大夫，咸以明经

张九叙墓

举。前母甄氏，母赵氏，封淑人。赵淑人生三子：长曰九思，七品散官；季曰九霄，甲子省魁，为水平府通判；公，其仲子也。公生而浑厚，性尤孝友，为文章清纯雅正。服官二十五年，素履不渝，归田日洒然犹书生也。山东都御史王尧封服其操而荐之，上方柄用，公疽背而殁。殁之先一日，召邦瑞诀曰："予平生无不可人意者，惟诸子女在幼，弟其为予荫覆。"言既而殁，年六十。配刘氏，父彝阳，曲县令，先公卒。继孔氏，父彦培，阙里五十九世孙，皆以公贵，封恭人。子男四，皆庶出，曰在、曰圭、曰垚、曰坚。在娶刘奉祀淇女，垚婚听选官王汝霖女。女二，长适吏部主事梁谷子生员绍允，为庶出。孔氏生女十日而公逝。呜呼！公，吾乡之英也。负直气而中伤於谗，怀异才而弗究阙施。伤哉！因系之铭。铭曰：张氏之裔，三世明经。五凤齐飞，翱翔紫庭。谁为羽仪，独出四灵。谏草青琐，天启皇扃。载官奉常，清卿帝旁。江淮兴波，斧钺飞霜。策殄元渠，路静徐扬。人方勒碑，公祸其随。旱蝗告妖，谗奸售危。悬车在山，成名在夷。胡疽于背，一疾莫为。荐辞镵石，君子含悲。

《二甲张家谱》编修

二甲张称谓由来 根据明代科举考试制度，天下举子赴京参考者称贡生，考中者称贡士，一甲进士及第，二甲进士出身，三甲同进士出身，殿试第一名为状元，第二名为榜眼，第三名为探花。弘治十八年（1505）秋试，张九叙考中二甲，皇上殿试二甲张九叙时钦点状元，御封二甲张，从此张氏家族自称二甲张。

另有一个说法是张大人村始祖张巨川当初避乱到商河，被编户在顺德乡七里二甲版籍内。后来张家子孙繁衍，里甲内又无其他姓氏，人们就称村落为"二甲张"。

概况 作为商河明清望族，张大人村历来有编修家谱的传统，自清康熙三十九年（1700）第一次编修家谱，至 2017 年续修，前后 300 余年共 11 次编（续）修家谱。2017 年续修家谱，将河北吴桥张家集分支纳入张大人村总谱之中，实现张家集族人 600 余年"回归"故里的夙愿。

《张氏家谱》历次编（续）修一览表

表 4

顺序	修谱人	编修年代
第一次	十三世若彩	清康熙三十九年（1700）
第二次	十四世桃	清乾隆十三年（1748）
第三次	十四世棽	清乾隆四十八年（1783）
第四次	十六世景孟	清嘉庆十二年（1807）
第五次	十七世稷	清道光十七年（1837）
第六次	十八世翼	清同治五年（1866）
第七次	十九世翼轸	清光绪二十四年（1898）
第八次	二十二世宗帛	1924
第九次	二十三世恒富、恒孝	2009
第十次	二十三世恒富、恒孝	2010
第十一次	二十三世恒富、恒孝	2017

辈分用字 姓名辈分用字是先辈为使后人祖孙不重复名讳，而由合族议定的有着美好寓意的汉字。2010 年，续修之前的家谱已选定 20 个命名辈分用字，“衍宗恒际泰，敦本继元培，尚德家传珍，裕书世泽恢”。其中，前一个“际”字和后一个“继”字相隔四世，虽不是一个字，但读音相同，称呼名字时不易分清长辈、晚辈。2010 年续修家谱时，经续谱组委会和理事会反复协商决定，把后一个“继”字改为“续”字。用字虽改了，但没有改变之前的寓意。

至 21 世纪初，二甲张家族已发展到二十七世，分布于包括山东、河南、河北、江

新编《二甲张家谱》

续修《二甲张家谱》人员合影

村民保存的家谱

苏、新疆、吉林、黑龙江等省（自治区）的数十个村庄，人员众多，之前的20个辈分用字已不能满足新生代的取名需要。由于没有统一的命名用字，二甲张家族祖孙名讳多有重复。加之有的族人不按辈分用字起名，祖孙几代名用一字，分不清谁是祖，谁是孙。为使二甲张家族命名有“字”可依，辈分不致混淆，2010年决定在原来20个字的基础上再增添40个字，共计60个字，供二甲张族人命名之用，并特别注明从二十一世起，务须认真查对，不可错用。这60个字的寓意如下：

“衍宗恒际泰”：繁衍二甲张宗派永恒屹立在天地之间。

“敦本续元培”：探求根源，继续发扬先人的风尚，培育后世佳人。

“尚德家传珍”：崇尚美德，二甲张家族要传承珍惜。

“裕书世泽恢”：勤续书，丰富知识，世代润泽恢宏人间。

“承明清洪志”：弘扬明清品质，知晓洪大志向。

“振源兴安华”：振奋源远流长的家族精神，振兴安定伟大的华夏民族。

“科荣兆繁茂”：以科学为荣，预示二甲张人繁荣茂盛。

“尊宪守长景”：遵守规则，永守长久的美景。

“新克奉连存”：从新开始，攻克难关，奉献连续长存。

“端树正英逵”：一开始就要树立方正、英模的人生道路。

“建瑞希令彩”：创建吉祥充满希望的目标，美好而异彩纷呈。

“嘉义得锦秀”：有美好的节义，定会获得前程似锦、事业优秀。

张氏世家研究

开端 2000 年 6 月，定居于哈尔滨市的河北省吴桥县张家集后人张彦凯到黑龙江省图书馆资料室查阅、研究七世祖张九叙的有关历史文献资料。2001 年，张彦森（现任天津狗不理集团有限公司董事长）请天津当地一位历史研究专家作为伴读，一起通览《张氏家谱》(民国版)，并整理出 6 份综述材料，即《关于山东商邑〈张氏家谱〉》《关于山东商邑张氏家族》《关于山东商邑张氏家族敕封旌表情况》《关于张氏家族之奇闻》《张氏家族山祖支成祖谱系》《〈张氏家谱〉名词解释》。是年，张彦森把这 6 份材料寄给张彦凯继续研究。限于当时条件，这 6 份材料稍显粗糙，但对张氏世家的研究来说，这是一个明确的开端。

转折 2006 年，商河县以商河鼓子秧歌入选首批国家级非物质文化遗产名录为契机，对商河境内的地域文化进行系统整合，由商河县委政策研究室起草并形成《文化融合力量和谐促进发展》“三大文化板块”的地域文化宣传文本，文本中收录《“大人之风”何处寻，温泉鼓乡传佳音——商河明清名村张大人》，首次在县级层面上系统而全面地对玉皇庙镇张大人村“二甲张”进行挖掘整理。在此文本中首次提出张大人村“堪为商河明清第一村”的说法，成为张氏世家研究的重大转折。2011 年，河北吴桥张家集的张彦广到商河县张大人村寻根，并在河北省《家庭百科报》发表《商河二甲张史话》，对张氏世家进行通俗化的解读。

整合 2018 年，商河县启动《玉皇庙镇志》的编纂，“张氏世家”列入类目，县、镇、村三级对张氏世家的相关研究进行整合，并于 2019 年在天津狗不理集团和济南今朝酒业有限公司的扶持帮助下，成立张九叙文化研究会筹备委员会，由张大人村支部书

2019 年 9 月 29 日，张九叙文化研究会筹备委员会成立仪式　　李超　摄

记担任筹委会主任，吸收商河县宣传文化、史志档案方面的专家广泛参与，张氏世家研究的整合力度进一步提升。2019 年 12 月，山东大学儒学高等研究院副教授法帅帮助收集整理关于“张九叙”4 万余字的文献材料，成为张氏世家研究的最新成果。

鼓子秧歌表演

艺文杂记

九河之一的徒骇河在玉皇庙境内奔流不息，被称为商河县母亲河的商中河在玉皇庙境内纵贯南北，两河滋养着这方土地的艺海文苑。20 世纪 50 年代，作家周德香曾在此任教，写下长篇小说《落凤坡轶事》。进入 21 世纪后，济南周三读书会发起人李炳锋和作家杨福成热情讴歌此地；更有当地诗人、作家在这里写下优美的文字，为特色小镇玉皇庙平添几分文化色彩。

诗歌

咏玉皇庙特色小镇[①]

玉皇吟

陈昌茂

谁言极乐在天堂，
琼阁仙山起玉皇。
织女牛郎喜牵手，
小康路上马蹄忙。

园林城镇吟

李孝玉[②]

水墨一城画，
丹青四季新。
浅淡高低处，
隐约藏印痕。

玉苑春晓

杨富华

半坡琼阁浮碧水，一湖瑞气托玉皇。
八面扇鼓舞盛世，十分江南入画廊。

---

① 原载于2018年7月5日《济南日报·新商河》。作者系商河县原政协主席、中共商河县委原副书记。

② 李孝玉系商河县玉皇庙镇党委书记。

美丽的玉园湖（2018 年）

有你，才有诗意[①]

王强

是谁，着一身霓裳
把绿色涂抹成诗意

① 原载于 2018 年 3 月 9 日《济南日报·新商河》。作者系济南周三读书会秘书长。

白玉亮 摄

大地的美丽随着你而展开
你宛若天空撒下的彩色之神
透明的身影
恰似阳光
是谁，把智慧揉进灵魂

看清你的身体
却不知其中的奥秘
你如七月的流火
炙手可热
等到八月
我们同饮一杯桂花酒
让月光之魂陪着
是谁，往来于绿色中
却无暇顾及这美景
假若这里有海
你就是海上的一座灯塔
假若是黑夜
你就是夜色深处的一抹霓虹
假若是黎明
那你一定是天边的最亮的
那颗启明
你如萌发的芽蕊
呼唤着云雀、雨燕和白鸽
翩然而至的蝴蝶都因你而恋爱了
它们围绕着这座城镇
渲染你的美轮美奂
夜色如水
我愿醉酒离歌
为你涂金将来
在起风的枝丫上
在光亮的路灯下
在繁密的雨水中
在远方的诗意里
若是给我一个选择

我的答案只有一个
有你，才有诗意

豆皮香，人善美[①]

许莉

冬季再长
阻挡不了春暖花开的到来
雾霾重重
阻挡不了人间真爱的奉献

缕缕清香溢满锅
豆花绽放麦丘坡
玉皇庙豆腐皮远香千里
山东驰援黄冈
商河逆行者请缨出征
前方抗击病毒
日夜无休
后方保障供给
捐献不停
一千斤的二妮豆腐皮
今天乘着雨雾前往

规模不大
私人小企
大爱无疆
跨越时空和地域

① 原载于《齐鲁晚报·壹点号》。作者系商河县玉皇庙镇瓦东村人，现为济南市历下区龙奥学校历史教师。

我们紧紧帮结在一起
你的一口热干面
我的一把豆腐皮
烹制出一桌人间美味
待到春暖花开时
相邀至我家

疏

慎爵赏、严主威以正国体疏[1]

〔明〕张九叙

日者陛下亲降手敕，付之吏部、兵部。臣等皆以纪元之初，肇修大政，必有圣谟号召文武群僚，以新天下之瞻听，以振纪纲之弛隳。是以异礼貌而特锡。既乃尚书乔宇覆奏之后，有本送科，则陛下以入继大统，归功臣下，爵赏之施，特超常格。臣等见之，伏窃愕异。夫后无嗣，建支子以继大宗，礼之经也。以是我太祖高皇帝祖训之制，明示以兄终弟及之文，其为圣子神孙万世虑深远矣。况陛下以武宗皇帝第一懿弟入奉皇考孝宗皇帝之祀，为万方民物之主，既亲且长，伦序最正，天与人归，不约而合。武宗遗诏之颁，昭圣慈寿皇太后懿旨之出，大学士杨廷和、蒋冕、毛纪皆以职事奉命视草，实遵我皇祖之明训，当其时非敢拟之而后定也。若陛下以为元功，进爵为伯，给之诰券，俾子孙世世承袭食禄一千石，恐非廷和等之所敢当也。汉卢植语窦武曰："同宗立后，披图按牒，以次建之，何勋之有？岂横叨天功以为己力乎！宜辞大赏，以全身名。"武不能用卒，受闻喜之封，以及于败，廷和等之所知也。费宏拔起久废之

① 原载于《皇明疏钞》。

余，赞佐清朝之政，遇亦奇矣。若荫一子锦衣卫指挥使世袭，恐亦非宏之所敢当也。陛下与其重锡廷和等以延世之赏，不若能任廷和等尽格心之责。听信不专，徒畀厚利，有识者惧矣。亲捧信符迎立等官，驸马都尉崔元，太傅、寿宁侯张鹤龄，礼部尚书毛澄，承事奔走，亦其职也。前者赏银各一千两、纻丝各二十表里，酬过其劳，论者方以为滥，彼之受之也，已不胜其愧而已矣。我朝驸马都尉与公、侯、伯，俱列为爵，非若前代徒为名号。崔元以民间子弟选尚公主，受兹重爵，报答洪恩，虽劳不过，比之以勤事之人臣，万万不同，无功而侯，恐不可也，而况子孙世世承袭食禄一千五百石乎？张鹤龄缘戚畹之私，承封侯之业，弟兄并列，荣遇已极，加禄三百石，盈滥甚矣；况太师，人臣之极，以奔走得之，何以励臣节哉？毛澄以集议大礼，不得尽其职守，固以踧踖不安。太子太傅荫子一人为锦衣卫世袭指挥同知，亦非澄之所敢当也
夫叙援立之功，率因叔季之世主威削弱，强臣擅命，而后有之。我国家体统严正，事权无偏重之虞，陛下历数在躬，神人歆戴，奈何自受拥立之名哉？宦寺之用事也，自汉武帝数宴后庭，潜游离馆，奏请机事，多以宦人司之。迄于东京，委用渐大，于是举动回山海，呼吸变霜雾，非复掖庭永巷之职、闺牖房闼之任也。其后孙程定立顺之功，曹腾参建桓之策，汉之纪纲因以大坏。及唐中衰，遂有“门生天子”“定策国老”之名，唐之祸遂不可言。今陛下盛德龙兴，非若汉唐之主，果立于内寺之谋也。陛下何以太监张锦得预奉迎之故，辄欲荫其弟侄一人为锦衣卫世袭指挥佥事？陛下又何以太监扶安、温祥赖、义太文、张钦、张淮各能同心赞襄大计，辄欲各岁加禄米三十六石，荫其弟侄一人为锦衣卫世袭指挥同知？当武宗之世，事多司礼监所擅幸，陛下一切置之不问，亦已宽矣。顾乃以赞襄大计归之，臣等恐主威之渐以不振也。至于萧敬累经论列，陛下不惟不能远之，且复用之，亦已误矣。概因旅进，得加禄米三十六石，荫弟侄一人为锦衣卫指挥使，误又甚焉。黄伟、忠各岁加禄米二十四石、荫弟侄一人为锦衣卫世袭指挥佥事，臣等抑不其以何功也。恭惟陛下之在藩邸，聪明仁孝，久有令闻。武宗大渐之际，天下属心，谅陛下养成懿德，必多近端人良士，以为前后。今陛下录从事藩邸、效劳年久、左右有功之臣，乃张佐、董英、戴永、张忠、刁永、马俊、贾友、陈宣、阎洪、赵山、黄锦、李清、王贮、孙端、赵彬、李云、张昇、苏瑾、郭伸、赵休、张西、刘臣、刘锐、丁钰、刘荣各欲加禄米，多者至四十八石，次者三十六石，再次二十四石；荫弟侄为世袭锦衣卫官，多者二人，次者亦一人，其大者为指挥使、同知、佥事，次者则正副千户、百户、夫佐等。各先任藩府承奉官，不

过给应使命，幸遭际会，从驾来京，既已升各监太监诸职，并得着蟒衣、玉带等项服色，荣已极矣。今若加禄世荫，则猥滥莫甚，诚非古圣帝明王立法自近之义、我祖宗爱重爵赏之心也。昔者汉文帝之自代来格，当刘氏开创之初，诸吕难作之际，惟宋昌决策劝进，乃独重赖。其余六人但以叙进。未闻以从龙之功，尽录中官至二十七人之多也。况此二十七人者，皆无宋昌先机观变之功，陛下奈何欲出汉文之下乎？况我祖宗初治之令甚严，各监局内诸臣，无敢招置家人、树立田产、交通外属者，是以志意专良，无敢败事。自王振以来，始坏旧法，甲第名田，横连都鄙；弟侄支附，半于郡县；专树党类，更相援引希附强权者，率腐身熏子，以自炫进，败国蠹政之事，至正德以来极矣。陛下方屏逐群小，查革传升、乞升官员未一年也，何为蹈其覆辙？私昵寺竖，且使锦衣卫、内官监之讥再见于万夫之口哉！臣等诚以为不可也。方陛下即位之后，即敕下礼部，颁赏勋戚，文武大小臣工即各差受银帑之锡矣。督兵迎护道路，惠安伯张伟、侍郎郑宗仁、赵璜不必复加禄升俸。当时在朝府部院寺诸司掌印官并各科道官，不必复赏表里银两。建昌侯张延龄、庆阳伯夏臣亦不必加官、益禄、进阶而荫其舍人。盖前日之赏，列圣以来，登极之旧例也。既赏矣，旋复赏之，是何例也？臣等闻之，上出无名之赐为费，下受无功之赏为贪，费非经国之谋，贪失格君之本。君臣之义，无所逃于天地之间。陛下入继大统，天下之大义也，奈何欲以利啖臣下哉？臣等诚以为不可也。我朝外戚，虽得例受封爵，皆以大宗嫡统之亲以叙次进。陛下既专承继之义，又念顾复之恩，勉以昭圣慈寿皇太后之命，尊祖母曰寿安皇太后，本生母曰兴国太皇后，逾礼之经，伸其情矣，岂可又推其情？俾邵喜、蒋输得进伯爵，徒取私厚外氏之名于天下后世哉！陛下既母昭圣慈寿皇太后，则孝贞纯皇后乃嫡祖母也，自当以王、张二家为外氏。而二家各已有封矣，今复封蒋、邵，则爵制过盛，外家宠偏。臣等闻之汉王氏以诸舅受封，比绥和之末，丁、傅皆为列侯。阴沴女孽，大干天常，于是黄雾四塞，异世相见。谏大夫杨宣曰："此殆爵士过制，伤乱士气之所致也。"而西京之敝，实以此兆。今春以来，黄浊之气蔽天塞地，昼夜不解；日月星辰，精光失耀。乃正月十九日雨土，其暮风霾大作，变怪异常，皆上天先事垂戒及我祖宗阴示告教之意。陛下徒知惊惕而不知揽威权、决蒙蔽以回变异，乃欲大启封爵及于外戚大臣，侯一人，伯五人，世荫高官又将及五十人，何视之轻而予之且多也。若陛下念蒋、邵二家，时加存问，俾以旧官，得奉朝请，斯固悠久保全之道、不昵私亲之礼也。臣等窃又闻之，爵人于朝与众共之言，人君不敢以天官私予人也。其所谓人"君独断于上"者，则以合卿大夫、国人之言而后断之，非独出己意贸然断之也。今陛下特降手敕，大颁爵赏，既不先下该部集议可否视草代言，内阁又不与闻，顾乃与一二近习决策于中，大违经义，甚非祖宗之法。意者一二近习欲擅赞襄大计之功，固结陛下之宠幸，播弄威福，既以世赏牵制内阁，又以厚爵树援外氏，遍赉列卿及诸给事中、御史，以收其心而塞其口，诚大谬误也。伏望陛下大奋乾纲，治倡议者之罪；亟收成命，以决蒙蔽之渐。如果断自宸衷，亦宜舍己从人，示天下以王者无私之义，遏绝奸谀，杜群小微功固宠之心，则主威日严，人无异议，近习知惧，政柄不移，天变可回，国体可尊矣。此诚宗社安危所系，天下治乱之机，惟陛下慎之，无贻后悔也。臣等披沥肝胆，不胜倦惓之至。

赋

玉皇庙赋[①]

庞佃军

九曲黄河，夹岸相望，镇曰玉皇庙者四，陕豫其半，鲁又其半，而商河居鲁之半者也。九河徒骇之左，鼓乡西南祥位西毗临邑、南接济阳者，则国之重镇商河玉皇庙也。明清曰顺德曰顺曰安，迨民国廿五县志重纂始载镇曰玉皇，隶多更易，乙酉丁亥，杨、玉并而镇曰玉皇庙矣。

镇曰玉皇且缀名以庙者，其来有自矣。若本域之玉皇庙者，盖传玉帝籍出本镇张家湾，民之所念寄情于庙转托于镇名也，今有古槐虬枝茂然者，则古庙旧之所处，纵览玉皇尤感天地悠悠也。忆往昔峥嵘岁月，温桥遗址，商周始焉；徒骇土马，两河出焉；演武习兵，隋帝屯焉；大明望族，碑坊旌焉；吕常古楼，岁之蚀焉；百果飘香，勃忽存

① 原载于2018年6月30日《济南日报·新商河》。作者系山东省散文学会会员、商河县作家协会副主席。

玉皇庙赋

焉；三威奠基，力诺诞焉，辛巳气竭，诺其危焉，壬午气贯，诺其兴焉。看今朝盛世辉煌，扇鼓余韵，昼夜流焉；京沪贯通，畅其速焉；星火特玻，道之行焉；尚武尚学，风之播焉；区城相融，玉南璀焉；玉苑春晓，八景璨焉。至乎丁酉戊申，国字加持，重镇在握，名至实归矣。瞻明日锦绣前程，康宁中硼有凤来仪、凯文朗朗兮桃李芬芳，通用航空九天遨游、绿地葱葱兮乡村振兴。雄哉国之重镇，大美玉皇，此其天上宫阙欤，良无可媲也。

砥砺前行兮记使命，不忘初心兮得始终。噫唏哉，玉皇故里帝何在？黎民七万皆玉皇。

壮哉玉皇，继百年胆略，写旷世华章！

伟哉玉皇，千群同携手，大道慨而慷！

小说

长篇小说《落凤坡轶事》故事梗概

《落凤坡轶事》（周德香[①] 著 作家出版社，2008 年 1 月出版）一部凄美的爱情故事。

① 周德香，作家，曾任玉皇庙中心小学教师。

故事里的女主人公乔凤和男主人公方成是一对青梅竹马的恋人。双方始终互相倾慕着，坚守着那份纯真的爱情。然而，在那个特殊的年代里，由于乔凤家庭的历史问题，有情人终难成为眷属。

1958 年秋，方成在人民公社的深翻土地打擂中得了第一名，为落凤坡大队扛回一面红旗。时任大队党支部书记的方云祥（方成的亲叔叔）为奖励他，就把上级分配的去淄博工厂当工人的指标给了他。方成趁机提出要和乔凤结婚的要求。为在公社里出名露脸，方云祥想出一个办法：让方成、乔凤当晚在村指挥棚里结婚。婚礼上，他们互换信物，方成用两段红绸子换下乔凤辫子上的白绸子蝴蝶结。就这样，在没有双方亲人参与、只有公社一名驻村干部为证婚人的情景下，二人举行婚礼后并没有入洞房，而是各自回到工地继续干活。第二天中午，乔凤的伙伴们给她布置了新房。没想到，去工厂的时间提前了，下午方成走了。后来，方成在工厂应征入伍去了东营沾化农垦部队。乔凤几次想去部队探亲，但最终没能实现愿望。两年后，方成因公牺牲，成为烈士。乔凤迎来的是那对洁白的蝴蝶结，还有一捧骨灰。

长篇小说《马莲花开》故事梗概

《马莲花开》（周德香著 现代出版社，2014 年 8 月出版）描写了农村妇女关如琦横跨半个多世纪的爱情史、成长史和苦难史，也是鲁西北从抗日战争到改革开放的一个历史缩影，是一部折射大时代风云的农村生活变迁、农民命运转换的乡情民俗大戏。小说的主要人物关如琦、郑保田和刘天民都充满了强烈的宿命感。关如琦本来生在一个殷实之家，相貌品性出众，但因家庭变故和刘天民的爱情夭折，嫁给了郑保田。倔强的郑保田挣扎着改变自己的命运，却每每在关键时刻与机会擦肩而过，最终被迫背井离乡 39 年。而刘天民因为特殊的身份，一生一帆风顺。这种宿命其实是时代的大潮下个人的无助，但这种宿命感并不能阻止坚韧的主人公不屈不挠的抗争和对美好生活的追求。作品中人物众多，有仙风道骨而具有民族气节的段半仙、温厚达观的段振业、富有心机的段心灵等。

散文

透明的小镇[①]

李炳锋

时至中秋，是鲁北平原上最绿的季节。徜徉在浓浓的绿色里，沐浴在微凉的秋风中，我们去寻觅一个透明的世界。何谓透明的世界？2017 年，商河的玉皇庙被命名为国家级特色小镇——玻璃智造小镇，这也是山东省首个国家级的特色小镇。晶莹剔透、美轮美奂的玻璃成为其靓丽的名片，古镇的玻璃产业蒸蒸日上，知名度可谓名扬天下。

汽车在绿色中穿行，如小舟犁开碧波荡漾的水面。路的两侧是高低错落、层次分明的树木，远望如训练有素的士兵，近观似高大威猛的壮汉。树的后面是含笑的玉米，黄闪闪，金灿灿，无比的幸福和满足在艳阳下恣意绽放。又是一个收获的季节。荡漾在这无边无际的绿海里，自己就成了一棵树，自然怀念起在林业战线上度过的时光。我心里明白，十年树木，这葱郁的树木并非天生，而是千千万万的百姓辛勤劳作的成果。是啊，早在 2013 年，商河就被命名为全国绿化模范县，成为济南市第一块金字招牌。城南的清源湖水库立有“绿水青山就是金山银山”石牌，与中央生态文明建设的要求一致。难道是一种巧合？非也，其体现了商河上层决策者的战略眼光。他们清楚，深受沙尘侵害的这片土地，要想真正让老百姓安居乐业，要想把好的项目引进来，必须做足做好生态的文章。引黄济商，大搞绿化，百花盛开，蝴蝶自来。

玉皇庙是商河的门户。从济南出发，过黄河到商河，第一站就是玉皇庙。门户不一定是门面，将门户打造成门面方为高手。玉皇庙镇的领导者靠智慧和勤劳，带领全镇百

① 原载于 2018 年 3 月 9 日《济南日报 · 新商河》。作者系中国作家协会会员、山东省散文学会副会长。

姓，硬是在千万年荒凉贫瘠的土地上缔造出一个个神话。二十年前，或许当年的投资者一眼就看中了这片乐土，或许镇上的决策者为子孙后代考虑的更长远，当无污染的大型玻璃制品企业落户此地，立即就产生了相得益彰的双赢效应。越环保百姓越拥护，越拥护环境就越和谐，越和谐企业发展得就越好。良性循环，多像平原上那生生不息的绿色，朝气蓬勃，一片盎然。

明媚的阳光在清凉的秋日轻舞，茂密的树木列队欢迎，清新的空气沁人心脾，这是力诺玻璃制品公司给我们的第一印象。进入厂区，听不到机器的轰鸣，宽敞明亮的车间，一台台自动化的机器悠然转动，流水线上传送着一件件光滑精美的玻璃制品，穿着整洁、面带微笑的员工辅助着机器延续着最后的工序，车间的墙壁上“劳动创造世界，世界向我们微笑”的标语格外醒目。陪同参观的公司领导自豪地说：“尽管加班加点地干，还是满足不了市场的需求，明年计划将16台制瓶机扩展到50台。我们的产品已经从单纯的民用扩展到耐热玻璃、电光源玻璃、药用玻璃和工艺玻璃，年产值达115.5亿元，实现利税17.6亿元。”“企业做到这程度不可思议。”我感叹道，稍停又问，“员工的收入多少？”“月平均工资在5000元左右吧。”对方答。商河作协的李主席插话道：“有几千元的工资，家里还种着地，房子便宜，挣得多，花得少，在商河这个地方就是好日子啊。”看看厂门口那一排排崭新的轿车，五彩缤纷，闪闪发光，上面写满了幸福。

从力诺玻璃公司往南走不远，放眼望去，柳树婀娜的身姿在微风中摇曳，红艳的荷花正在盛开，大片大片的蒲草亲吻着水面，不时有鸟儿从草丛里扑棱棱飞出；清清的河水静静流淌，水面上有一圈圈涟漪绽开，那是鱼儿戏水留下的印迹；河的对岸矗立着一座座楼房，与这水这树相映相衬。我们被眼前的景色深深吸引，不禁发出啧啧的赞叹——水草交融，绿树红花，简直就是大自然涂写的七彩油画。

“蛙声伴我入眠，鸟儿把我唤醒，清风吹散头脑里的欲望，绿色滋养我的心灵，这是何等幸福啊。”我禁不住赞叹道。“请你帮我们推敲一句广告语吧，体现玻璃小镇特色的。”东道主即兴提出请求。沉思片刻，我轻吟：“一个透明的小镇，在静静地等着您！如何？”

“好——”掌声和笑声惊起几只不知名的鸟儿，飞呀飞，直冲云霄。

安静的小镇[①]

杨福成

冥冥中，一直想寻找这么一个地方，有亭台楼阁，有鸟语花香，有潺潺的流水……没有吵闹，没有繁华的车水马龙。

在如今这样躁动的年代，或许这只能是一个梦想。

周末，我随车去了一个神秘的地方。刚下高速，一股清新的空气就扑面而来，车再前行，满眼的绿意就势不可挡，像是一下子误入了王羲之写《兰亭序》的地方，茂林修竹，惠风和畅，太美了！

同行的朋友告诉我，这就是有“玻璃小镇”之称的商河县玉皇庙镇。

说是玻璃小镇，没有见到玻璃啊？只是满眼满眼的绿，安静祥和。

我顿时觉得，这个地方该叫“安静的小镇”。

玉皇庙镇以绿为骨，整个镇都被森林所覆盖，美丽的徒骇河是这个小镇的灵魂，玉苑春晓让人感觉不是江南，又胜江南。

你看吧，那水中的荷花，那别致的湖心亭，那两岸的玉树，都那么素雅恬静，置身其中，会立马让你少了躁气，少了俗气，多了静气，多了仙气。

可不吗，相传，这里是玉皇大帝升天的地方，它的水土，它的草木，它的天空，就自然与众不同了。

到了晚上，等鸟虫歇息了，玉皇庙的安静之美就更是让人陶醉了。

花和树都像是穿上了薄薄的羽裳，那潺潺的流水就是天女的歌唱。再看远方，整个小镇灯火阑珊，人们欢喜地迈着轻盈的舞步，不知道是人在画中游还是画在人中游。

城水相依，天朗气清，如果你没有到过这儿，真的很难相信在干旱的北方还能有这么一处人间仙境。

玉皇庙镇有着天然的地理优势，南眺沪宁，北望京津，是环渤海经济圈——黄河三角洲——济南都市圈交会的重要城镇之一。然而，玉皇庙镇让人称道的是，在发展经济的同时，更是发展了绿色和安静。

现在，金钱已经不足为贵，安静才是人类的最宝贵的财富。

---

① 原载于2018年3月9日《济南日报·新商河》。作者系《读者》签约作家、《齐鲁晚报》专栏作家。

无论是开车还是步行，无论是走在小镇里还是村庄外，你都会感受到玉皇庙透着静谧的山水之美。

“一湖活水汇春风，阆苑瑶台列画中。玉帝已嫌天阙老，迁都此地作皇宫。”连玉皇大帝都在此建房了，那一定是比天堂还美的地方。

同行的朋友介绍说，镇上的玉苑春晓景观公园既运用了现代园林艺术手法，又借鉴了古代园林特色，重点突出“水、秀、静、幽”四大特色，亦静亦动，天人合一。

我想，突出“水、秀、静、幽”的何止是这一处公园呢？整个小镇到处都是水都是秀都是静都是幽，就连这儿的玻璃制造厂，我们走进去，看到的都是既静又幽的人文之美。

玉皇庙是山东唯一的玻璃产业主导镇，很多产品销往美国、德国、日本、韩国等。一个小镇，何以如此闻名发达？这完全得益于玉皇庙人的“智慧”，他们的每一件玻璃制品上都带着这个小镇的绿意、祥和。

不可估量的工业发展，令人向往的绿色发展，让我们一行几人恋恋不舍，真想在这儿买一座小房子，静静地读书，静静地写字，慢慢享受这安静的诗意。

人生匆匆，图啥求啥呢？就图个安静——静心，静气。

记得我们刚进这个小镇游览清源湖时，那清澈的水面浮着一群群的野鸭，它们肆意地游弋，扑棱棱的小翅膀溅起一朵朵水花，溅到了我们的眼睛，溅到了我们的内心。

钢铁水泥浇筑的城市已经把人的心灵囚禁，无端的忙碌也已经桎梏了我们的思想。在这个人与人一天天陌生的时代，玉皇庙这座美丽安静的小镇给了我们一丝慰藉。

我想，在这样一个美丽安静的地方，在这样一个以玻璃闻名世界的地方，如果建造一座玻璃童话世界，四周绿树成荫，小虫和小虫、飞鸟和飞鸟演绎着天籁般的歌剧，我们只是安静享受这美好的一切，或者，把纸铺上，研墨挥毫，写几行诗赞美一下——大地，和世界，和天空，都澄明如洗！那该有多好。

这，就是我冥冥之中要寻找的地方。

我想，这不是一个童话，玉皇庙这个美丽的地方，会越来越绿，越来越静，像这样美好的地方，也会越来越多……

北国柳韵[①]

王宗莲

柳，尤其是垂柳，生于江南与小桥流水相映，为江南添了几分柔婉与妩媚，生在北国则多了几分柔韧与刚强。

在我的家乡——山东省商河县玉皇庙镇，垂柳亦属常见树木。檐前屋后，河边沟沿，随处可见，其生命力极强。“无心插柳柳成荫”，今年还是一根光秃秃的树枝，明年必定是摇曳多姿的碧树。

春日天气渐暖，人们脱下冬装的时候，柳枝也泛出淡青色，开始显露出生命的迹象。不久，细长的柳枝上长出米粒般大小的花苞，再不久，这些花苞就长成嫩嫩的柳芽，颜色娇嫩，惹人怜爱。在春风的作用下，柳叶迅速生长，很快一树的轻烟薄雾幻化成一首娇艳的诗，引发无数文人的情思。柳条再长一些，柳树便将满腹的心思化成团团柳絮漫天飞舞，更引起无数的遐想:“依依袅袅复青青，勾引春风无限情。白雪花繁空扑地，绿丝条弱不胜莺。”“梨花淡白柳深青，柳絮飞时花满城。”

等柳絮飞尽，柳条也早已退去昔日嫩装，转为深绿青黑。此时，柳树枝就成为我们的玩具。精挑细选之后，折下一根粗细适宜的，用手拧松外皮，再抽出白色的柳骨，柳哨就做成了。“牧童归去横牛背，短笛无腔信口吹”，这哨声虽不及笛声宛转悠扬，却也别有情趣，曾伴我度过一年又一年。柳哨吹腻了，就挑几根长长的柳枝编成环形，再摘几朵野花插上，戴在头上，把自己幻想成美丽的公主，童年便又增添几分情趣。有的干脆将柳条打成结，做成秋千的样子，不过这秋千不甚结实，荡的时候需小心一些。幼年的我们喜欢到柳树下玩，不仅是因为可以吹柳哨编花环荡秋千，还有一个重要目的就是折柳枝卖钱，选那些长而柔韧的，将其外皮去掉，只留白色柳骨，积攒起来，卖给下乡来收柳条做柳编的人，一毛五一斤，价钱虽不高，但积少成多，时间久了，同样可以实现小小的心愿。

“柳”与“留”谐音，柳条绵长又象征着情谊绵长，故而古人有折柳送别的习俗。“柳条折尽花飞尽，借问行人归不归？”“昔我往矣，杨柳依依。今我来思，雨雪霏霏。”长亭外，古道边，柳树下，有多少人洒泪而别，又有多少人带着那绵长的柳枝远行？这路边的垂柳树历经沧桑，目睹了多少场离别，看惯了多少场风月，又寄托了多少情思啊！

---

① 原载于《山东教育》2013年第11期，作者系山东省散文学会会员。

夏季柳荫浓密，树下是遮凉避暑的好去处，自然少不了我们的身影，蝉儿也伏在树叶上一声声长鸣，吟唱着自己的生命之歌。

秋风瑟瑟，万物萧条，杨树宽大的叶子已落尽，柳叶依然坚持着，几乎一直到第一场雪降临，柳枝才变成春日初始模样，仿佛又回到了生命最原始的状态。似乎毫无生机，可是在柳枝里却藏着不灭的灵魂，春日的期盼，明年又必将是拂堤的垂枝，醉人的春烟。

我以为南方的垂柳以长在水边为最佳，尤以春季为美。春风吹来，柳枝细滋慢长，尽情享受春日的温和。“柳条百尺拂银塘，且莫深青只浅黄。未必柳条能蘸水，水中柳影引他长。”柳枝垂入水中，逗引着戏水的鱼儿和觅食的鸭子，融成一片灿烂的春光，那必是一幅让人心驰神往的画面。

若在北方，垂柳生长在水边，美则美矣，却少了份坚韧，与北方的大气与豪爽不相契合。曾经见过一株大垂柳，有两人合抱之粗，长在我家场院的麦田旁。记得是一个冬日，恰逢日落，夕阳黄中带红，余晖洒向大地，冬日的原野一片荒凉，那株老柳树就静静地立在那里，接受夕阳的爱抚，周身有一层奇异的光辉。它的叶子已不复存在，所有的枝条一如既往谦逊地垂着，少了绿叶的装饰，更见老树的端庄与沧桑。青黑色的柳树皮上布满沟壑，有许多伤疤，那伤疤或大或小，或俏皮或触目惊心，从柳树的根部一直延伸到主干的顶端。经历了那么多，老柳树依然静静地站在这里，如一位历经沧桑又看透一切的长者，宁静而安详。看着那些伤疤，突然间就明白了，成长总是伴随着疼痛，也唯有这些疼痛让我们更清晰地感受到生命的存在，也是这些疼痛让我们更能感受到生命的可贵、活着的美好。

垂柳，这北国最常见的树木，生生不息地生长在各个角落，为孩童们带去无尽的欢乐，为人们传递缕缕情丝，历经沧桑却不失坚韧与刚强，这就是北国的垂柳。

刍议玉皇庙特色小镇之特（节选）[①]

庞佃军

2017 年 8 月 28 日，商河县玉皇庙镇入选第二批全国特色小镇，这是济南市首个国家级特色小镇。“新商河”乡村行启动仪式在玉皇庙镇举行，立足于“乡村行”的主旨，

① 原载于 2018 年 4 月 24 日《济南日报·新商河》。

本文着眼于特色小镇内涵中的文化旅游元素，以史志学的视角，从镇域特色产业发展上探讨玉皇庙特色小镇之特。

一、两河出焉，玉皇庙是商河县自然地理文明的发源地

地处黄河文明的商河县，贯穿县境的两条黄河支流——徒骇河、土马河是由玉皇庙入境的。

徒骇河，是商河县境内的最大河道，处县境南端，历史上称土河。旧志载："土河，在城南四十里，即黄河故道（漯流），其水自禹城、临邑来，由县境东北经惠民、滨州、沾化入海。"徒骇河的前身为古漯川，而漯川则为黄河支流，即所谓"漯者河之支流也，兖之贡，浮济浮漯达于河"。这里就是说漯川为黄河支流，是条分洪排涝河道。

至于徒骇河的发展史，则前后历经千百余年。"漯首受河，自黎阳（今河南浚县）宿胥口始"。周定王五年（前602年）黄河在宿胥口（今河南滑县西南）第一次改道，东行漯川，直到宋庆历八年（1048年），黄河在商胡埽（今河南省濮阳县东）决口改道北流，黄河断续流经漯川达1650年之久。所以千百年来，人们只知道有黄河，不知有漯川。在古漯川被淹没之后，为适应排涝的需要，又渐渐在高唐以下的黄河与商河之间，挖了一条土河，又名大土河，近侧黄流，在滨县东与古商河汇流入海。到明朝中叶，按水流势逐渐分段与土河贯通，从此开始由漯河到土河，由土河到徒骇河的过渡时期。

至于徒骇河的名称，则又曲折往复，充满历史的沧桑。旧志载，"漯河唐及北宋之黄河"。在明以前未见用徒骇河之名。据明万历十九年（1591年）所修《临邑县志》载："徒骇河由齐河县经夏口至城东南二十五里，俗名土河。"这是徒骇河见于志书的最早记载。《山东通志》载："古漯河黄河支流也，俗名大土河，亦曰徒骇河故道。"可见徒骇河原名土河。"徒骇"原为禹疏九河之一。"成帝时，河堤都尉许商上书曰，古说九河之名有徒骇、胡苏、鬲津、今见在成平（今河北省交河县）、东光、鬲县（今平原县境）界中，自鬲津以北至徒骇，其间相去二百余里，是知九河所在，徒骇最北，鬲津最南。盖徒骇是河之本道，东出分为八枝也。"按此处许商所指，则原徒骇河应在今河北省交河县一带，所以现在使用的徒骇河一名，可能在历史上人们以"土"会"徒"，或者漯、土、徒读音相近，借用九河古名演变而来。至民国25年编修《商河县志》，对徒骇河名称归属终于有了较明确的记载，即漯川在禹城以上名土河，在禹城以下即名徒骇河。

土马河，是徒骇河左岸（北岸）的一个较大支流，故旧称小支河。旧志载："小支

河在城南二十里，土河之支流，自济阳温家桥（今商河县）入县境，行一百一十里至瞻圣桥入惠民界，通志作商河，即古滴河误。”据考证：“位于大沙河、徒骇河之间的土马河，原由汉代商河支流沙流沟所演变，在商河因行黄淤沙转名为沙河之后，它却自宋元以来袭用过商河名称。至明嘉靖二十四年（1545 年）佥事王煜曾将沙河口以东的土马河加以疏浚，民蒙其利取名为惠民沟，惠民县的由来即导源于此。土马河既有土河之名，又曾为徒骇河干流所沿行。”从而说明土马河确实用过商河名称。演变到现在的土马河，其源头接禹城县的东普天河，与徒骇河近乎平行东进，穿临邑，过济阳，由县境西南隅温家桥入商河境内，横穿县境南部，蜿蜒东北而行，至王新庄出境，在惠民界入徒骇河。清乾隆十六年（1751 年）曾对境内全河进行过大规模疏浚。新中国成立后，于 1950 年、1952 年和 1957 年曾先后进行过培堤疏浚和完善桥涵建筑物工程。从 60 年代后期开始，随着鲁北地区整体流域规划的治理，土马河被境内新开挖的临商河、跃进河、商东河等南北河道所切割，商东河以西成为上述河流的支流，商东河以东仍为徒骇河的支流。

除此东西走向的两条主要河道外，1976 年夏，开始修建邢家渡引黄灌区输水渠工程，这是商河引黄的主干渠。工程由德州地区统一规划组织施工，受益县分工、分期实施。自 1976 年夏至 1978 年春，次第完成徒骇河至土马河段、从徒骇河至济阳胡家段、从塔坡到跃进河段，全长 32.79 千米的引黄输水渠工程。该项工程的实施使商河成为利用沟网输水的引黄提水灌区。2007 年 10 月 23 日，清源湖水库工程经山东省发改委批准立项，当年完成初步设计、施工图设计和迁占工作。自 2007 年 10 月 28 日开工建设，至 2009 年 2 月，水库所有工程全面完成并投入运行，3 月 6 日水库开始蓄水，至 6 月底，水库所有剩余工程完成并全面投入运行。该工程项目位于玉皇庙镇老二级沉沙池范围内，是为缓解商河水资源短缺、涵养地下水资源、提高全县水资源保障能力而实施的重点项目。清源湖水库年供水量可达 2000 万立方米，日供水能力达 5 万千克，它的建成有效地解决了城区居民、南部乡镇 20 万人的生活用水和县经济开发区、城区产业园的工业用水，同时对引黄灌区 30 万亩农田灌溉起到调蓄作用，是一项集经济、生态和社会效益于一体的综合性水利工程。

综上可知，徒骇河、土马河两大历史久远、纵跨深广的河流均由玉皇庙入境商河，玉皇庙境内南北纵贯商西河、商中河两条河流，在全县 12 个街镇中独此一家。商河县现 70% 以上人口喝的黄河水由玉皇庙镇境内的清源湖所提供，从这个意义上说，玉皇庙作为商河县自然地理文明发源地的地位是毫无疑问的。

二、商周兴焉，玉皇庙是商河县历史、文化的发祥地

《济南通史》（2008 年齐鲁书社出版，安作璋主编）前言开篇记述，济南是考古文化最为发达的地区之一，也是最早进入文明时代的地区之一，更是早期民族融合和文化交流的重要桥梁和纽带。其中，根据考古挖掘资料，商河县玉皇庙镇则是这一桥梁和纽带上的重要一环。

承上第一部分关于两河之自然地理文明的资料，傅斯年先生也曾在《夷夏东西说》一文中指出："济南境内的济水、漯水以及济左走廊，历来就是民族迁徙和文化交流的重要通道，虞舜东夷族团的西进中原，姒姓族团以及后来的商人（二里岗二期以后）、商人的东进海岱地区，济南都是必经之地。济南地区由此成为早期民族文化交流融合的大舞台，为中华民族的发展和文化的繁荣作出了很大贡献。"

20 世纪 60 年代，玉皇庙境内东温桥遗址出土的商周时期文物也进一步佐证并高度吻合傅文关于漯水作为商人迁徙通道的论断。遗址位于今玉皇庙镇东温桥村，距县城 30 千米。当时在水利基本建设中，距地面深三米处挖出部分砖制墙体，青灰大型制砖，出土一批青铜器皿和陶器和豆鬲，为夹砂红陶、夹砂灰陶和细泥红陶；纹饰有绳纹、蓝纹和附加堆纹，经省地普查组专家考证为商代遗址，被确定公布为县级文物保护单位。2013 年 10 月，山东省人民政府公布了第四批省级文物保护单位名单，该遗址名列其中。同期公布的商河县 4 处商周时期遗址，尤以玉皇庙境内的东温桥遗址出土文物最为集中。而与之同属商周遗址并于 1992 年 6 月公布为山东省文物保护单位的郑路镇芦坊遗址，则都位于徒骇河北岸，显示了古文明的地理相关性。就时间而言，基本可以断定玉皇庙东温桥遗址与郑路芦坊遗址的商代文化土层是商河最早的文化土层，远远早于怀仁镇境内春秋战国时期的麦丘遗址，更早于韩庙镇、沙河镇境内的汉墓群遗址。

而且，就玉皇庙境内自身历史文化而言，也是一脉相承未见割裂。仅举其要者，如隋炀帝演练军事之演武村、距今 150 余年的清代吕氏民居，至今均保存完好。至于流行于当地的扇鼓舞则被有关专家推测很可能是所有鼓子秧歌的前身，而扇鼓舞的代表村庄正是商周遗址所在地的东温桥村。如果说，徒骇河、土马河是玉皇庙乃至商河县文明发祥之肌理的话，那么以东温桥商周遗址及扇鼓舞为代表的历史、文化则是这一文明发祥之表象，是自然地理、历史文化在玉皇庙这一特定时空里的双重投射。

杂记

木本水源——河北吴桥县张家集与商河县张大人村张氏的渊源关系[①]

张彦广

据考，张姓乃当今中国姓氏排行第三的大姓，有人口近亿，约占全国汉族人口的7.08%。张姓得姓始祖张挥，是人文始祖黄帝的孙子——少昊清阳氏之子。挥自幼聪慧，在张望星空中得到启发，发明了弓。这项发明对于当时以狩猎为生的人类来说是件了不起的大事，黄帝遂封挥为专门制造弓的官叫“弓正”，也称“弓长”，又将官名合二为一赐他“张”姓。张挥成了张姓的始祖。

张姓支系庞大，遍布全国，尤以山东、河南、河北、四川四省人数为最多。在其发展中，形成了许多郡望，较大的就有二十六个之多，排在首位的便是清河郡，治所在清阳（今河北清河东南），还有河间郡，治所在乐城（今河北献县东南），等等。张氏一族，枝繁叶茂，各郡望字行辈分排列有序。在历代刊修的《张氏家谱》中，有山东黄县一支字行为:“基业可久，名望堂昭，衍庆为志，肇锡永超”。江苏润城张姓一支字行为:“好学用典，有文斯远，积庆之家，儒宗以衍，运行昌明，时乘光显”。广西桂林张姓一支字行为:“增其心性学，器宇自温存，积厚垂麻远，国恩申锡频”。字行，不光是名字辈分的区划，还是一个姓氏支系的宗旨和行为圭臬。

今在吴桥张家集村张建强公处幸睹其珍藏多年的一套《张氏家谱》。谱书纸质绵韧，外用一缎匣所封，内分十二卷，繁体竖排，线装石印，古朴大方。谱志成于民国13年（1924），是《张氏家谱》的第八次重修。谱志的总序，也就是康熙三十九年（1700）十三世祖张若彩创修序言上，有一句话实为谱之魂系，即木本水源。谱序对这句话着

① 根据2011年1月22日《家庭百科报》所载《商河二甲张史话》整理。

意进行了诠释：张氏出于清河，蔓延遍天下。木本水源，意为人之始祖，其本源也，而后世子孙则是其枝与流。张氏本大而枝繁，源深而流远，繁衍派分，迁移散居，后人越来越疏远，直到形同路人，老死不相往来。使后人“亲者固亲，而疏者原未当疏”即是《张氏家谱》的创修缘由。《张氏家谱》记载，张家集村张姓始祖名为张巨川，自清河（今山东高青、广饶、寿光一带）榆林村迁居商河（今山东商河县）顺德里。至五世，张成祖迁居吴桥张家集村，后又分范家屯村、李自贤村、官庄村、尤家庄村。据笔者掌握，还有吴桥的后戚村之张姓。

“功莫难于创始，事莫要于承先。”这是手中《张氏家谱》上的一句话。本谱志创修于清康熙三十九年（1700），至第八次编修历时二百二十年，约近三十年一修。据谱志介绍，开始修谱时，实行公费制，按赋役人丁摊派。到了清嘉庆五年（1800）重修时，改为按地亩集资赞助，一亩一文，每年逢清明节、十月一，各庄带钱同赴老庄祭祖，交一专人保管，历年积攒，到编修谱志时充用，不够部分按地亩或人头凑齐。早时的修谱，参与者多为志愿。光绪二十四年修谱时，考虑到巨大的工程量，又增加了润笔费，标准是每千个字京钱四百文。随着支系的繁衍迁居，编修谱志之事日益艰难，非有众多不惮其繁，而志在其中者所不能为之。听村中老人讲，最后一次修谱时，商河故里修谱志士，肩背盛有纸笔的褡裢，一手捧窝头，一手提水壶，步行到远迁在外的村庄搜集名录，其任劳任怨，兢兢业业之状令人敬佩。

几年前，在津门创业有成的族兄衍森，欲在八十年后第九次编修《张氏家谱》。于是先委派麾下的族弟衍凯携资编修《张氏家谱——张家集卷》。回乡后，衍凯兄先召集氏族代表开会商议，表明心意，当时响应者十之七八，会上选举成立了四人编修工作组，笔者荣列其中。时在春节，工作小组很快进入状态，收集了部分支系名录。谁料，春节一过，农活一忙，单位上班，大家复归其位，加之其他原因，修谱一事无奈搁浅。

今捧阅《张氏家谱》，目光在序言上久久不能游离。即“本水源”四字，灿然夺目，发人深思。前辈修谱者的谆谆教诲，拳拳之心，洞穿百年。仰祖承德，勉善励学，这不就是族谱编修的意义所在吗？按三十年一世，一世一修，家谱已有近三世未修，实为断代之憾。好在先祖们早有思想准备，他们议定了二十字字行，自二十一世（即笔者这一世）始用，以避免命名重复，不分辈分，不知亲疏之弊，这二十个字是：衍宗恒际泰，敦本续元培，尚德家传珍，裕书世泽恢。

仔细品读，这二十字也是一首四行诗，句短情长，寓意深远。如果再加上个“木本水源”的题目，就可为历传万世的诗词佳作了。

“大人之风”一脉承①

——商河“张大人”缘牵天津“狗不理”纪事

庞佃军　杨富华

名门望族“张大人”　商河县玉皇庙镇有个张大人村。该村始祖张巨川元末明初避战乱由清河（今东营广饶）榆林村迁居商河。弘治十八年（1505）秋试，七世祖张九叙考中“二甲”，钦点状元，御封“二甲张”。后来张家子孙繁衍，里甲内又无其他姓氏，人们就称村落为“二甲张”了。

狗不理掌门人与商河张大人村的渊源　商河张大人立村600余年，津门名吃“狗不理”创牌160年，“张大人”与“狗不理”两者本来风马牛不相及，但因为出生于河北吴桥张家集村的张彦森、张彦明这两位张氏21世后人的出现，而紧密关联起来。

据吴桥张家集村张建强所保存的一套十二卷线装石印的《张氏家谱》记载：张家集

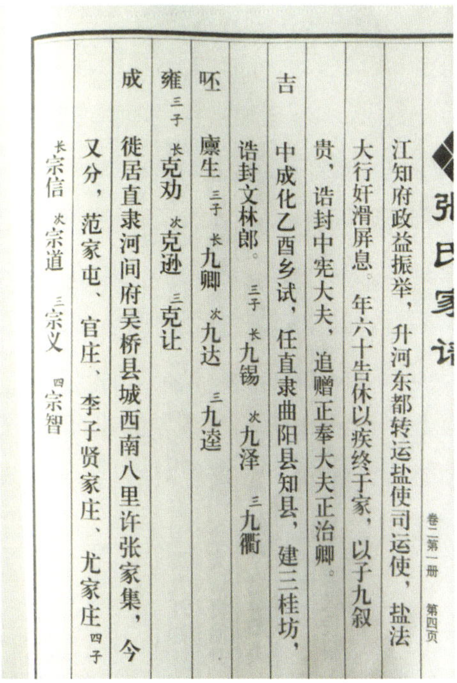

张氏家谱　卷二第一册　第四页

江知府政益振举，升河东都转运盐使司运使，盐法大行奸滑屏息。年六十告休以疾终于家，以子九叙贵，诰封中宪大夫，追赠正奉大夫正治卿。

吉　中成化乙酉乡试，任直隶曲阳县知县，建三桂坊，诰封文林郎。三子　长九锡　次九泽　三九衢

呸　赓生　三子　长九卿　次九达　三九逵

雍　三子　长克劝　次克逊　三克让

成　徙居直隶河间府吴桥县城西南八里许张家集，今又分，范家屯、官庄、李子贤家庄、尤家庄　四子　长宗信　次宗道　三宗义　四宗智

《张氏家谱》记载吴桥张家集与商河玉皇庙的渊源

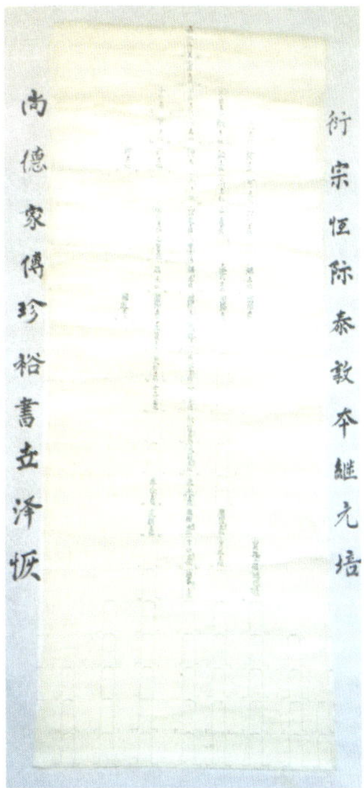

河北吴桥张家集现存中堂（家堂轴子）

① 原载于2020年2月16日《山东金融文学》。

村张姓始祖名为张巨川，自清河榆林村迁居商河县。至五世张成祖迁居吴桥张家集村，后又分范家屯村、李自贤村、官庄村、尤家庄村等。

另据张大人村所保存的家谱以及张家集流传保存下来的家堂轴子记载，“成徙居直隶河间府吴桥县西南八里许张家集”，成即张家集村张氏始祖张成，按商河张大人村排序为六世。由张大人村始祖张巨川排列，则张彦森、张彦明兄弟二人排为二十一世。2017年，商河县张大人村组织第十一次编修《张氏家谱》，特意到河北吴桥张家集征集“二甲张”族人资料，最大限度实现了家谱记载资料的完整性，根据这次修订的家谱资料，张彦森、张彦明兄弟列二甲张21世，辈分占字“衍”，征得张家集张氏全族人同意后，所有二十一世名字均统一以“衍”字辈分入谱，张彦森、张彦明兄弟入谱名字分别为张衍森、张衍明。

因合作而续前缘 2013年12月26日，中国民联集团与商河县（郑路镇）签订战略合作协议。2014年1月，隶属民联金融控股集团的商河林海园林农场有限公司正式落户郑路镇，该公司是商河县的重点招商引资企业，商河县政府副县长霍仁禄受组织安排负责包挂该企业。2014年春，霍仁禄带领时任郑路镇党委书记车富春及县直有关部门单位负责人赴天津到民联集团总部，拜会民联集团董事长赵刚等集团领导。在此期间，赵刚促成了其合作单位天津狗不理集团总经理张彦明与霍仁禄等商河客人的会晤。双方深入交流商河县招商引资政策过程中，霍仁禄获悉张彦明祖籍商河，他便多方征询、条分缕析，最终得出张彦明祖籍地在玉皇庙镇的结论，并锁定其具体村落为镇驻地以北的张大人村。这一结论也得到了张大人村光绪二十四年《张氏家谱》的印证。张彦明兄弟对此结论亦表认同，并在之后赴商河林海集团访问时专程到张大人村，凭怀吊古，祭拜先祖，从而续写了一段“张大人缘牵狗不理”的佳话。

2019年9月29日，在天津狗不理集团和济南今朝酒业有限公司的扶持帮助下，成立张九叙文化研究会筹备委员会，吸收商河县宣传文化、史志档案方面的专家广泛参与。目前，“大人之风”如何在新时代发扬光大的命题正在深入挖掘研究之中。

掌故传说

名门之后与“抖衣显贵”的传说 张九叙两任妻子都是名门之后。原配刘氏，盐山人，父亲是阳曲县令，先于张九叙病故，没留下子嗣。继室孔氏，原籍曲阜阙里，其父孔彦培是孔子五十九世嫡孙。孔氏共为张九叙生下四男二女，生下小女儿十天时张九叙病故，终年六十岁。张九叙死后，家境日渐贫困。为了一家人的生存，孔氏吃苦耐劳，勤俭持家。

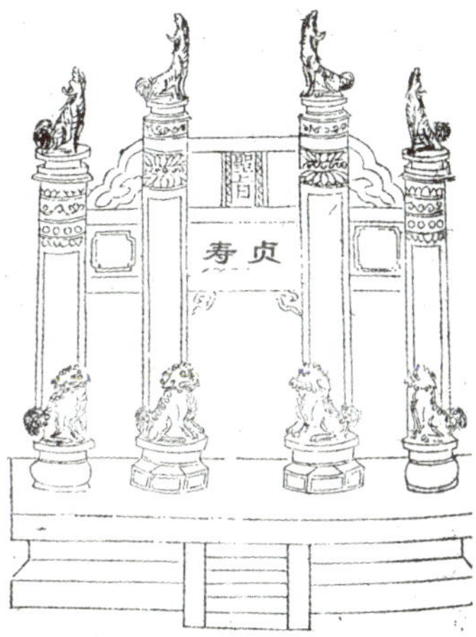

《张氏家谱》记载为七世孔氏祖母所立寿贞坊

相传，孔氏常穿一身蓝衣灰裤，不施粉黛，不配金银，时常遭人鄙视。一次去亲友家赴婚宴，宴席将散时，有人唆其携剩菜归而喂其子，食客皆笑。孔氏回答：“那太好了，扔了也是可惜！”别人问她：“那你用什么盛呢？”孔氏撩起蓝袄说：“往这里倒！”孔氏随即用上衣兜了一桌剩菜往回走，婚宴上的人因此哄笑。正欲出门的孔氏忽然转回身来，走到盛剩菜的缸前，说：“算了，这样走也太让人笑话了，还是不要为好！”就把菜倒进缸里，但孔氏盛过剩菜的衣服上，未沾半点油渍和汤水，干净如新。

从此，留下一段“抖衣显贵”的佳话。孔氏七十余岁寿终，封恭人，立贞节牌坊。

“豆腐王”的传说 相传很久以前，玉皇庙有一对善良的老夫妇，他们以做豆腐为生，而一天只卖一大块豆腐，偶尔有剩的就周济一些外来要饭的。由于人缘好手艺也好，因此被当地人称为“豆腐王”。

一天，济南府的老爷们为招待上级官员，要征调豆腐王的豆腐送到济南府。这下，商河的县官快速行动起来，催促豆腐王制作最好的豆腐。而豆腐王不愿做这种奉迎的事情，他说，送到济南府的豆腐在路上会颠簸成渣，还会因为天热变坏。可是县官非逼着他们做不可，还要十大块。无奈之下豆腐王老两口只好动手制作，可辛辛苦苦磨出一半生豆汁时已是半夜，疲累到极点，索性扔下工具回屋睡觉去了。

忽然，豆腐王听到自家的豆腐房中传来嘈杂的声音，赶忙拉开门向豆腐房看去，只见院里点了多根火把，很多人都在忙得热火朝天。走近细看，为首的却是外来要饭的王二。原来，他们平时都受豆腐王的照顾，知道豆腐王被逼做十大块豆腐之后主动来帮忙的。

豆腐王老两口自是感激不已。此时，磨浆、烧胚、过滤都已完成，到了最关键的点浆工序，豆腐王上前挨锅点浆。不料，等他点完浆回头时却大吃一惊：来帮忙的人们将点过的热浆直接舀到了包布上，还趁热一层一层地压盖起来。这一下，豆腐王想按豆腐的制作方法已来不及，索性就这样制作下去吧。于是压水、扯皮、叠把、煮皮，一通忙活下来，一把把冒着热气的"豆腐制成的皮子"诞生了。众人品尝后大赞不已。因为舀皮、结膜、捞膜等过程都是以一张皮子的样子出现的，就取名为"豆腐皮"。

第二天一早，差人们来抬豆腐，本来是恼火豆腐王把豆腐做成别的样子，可在品尝之后大喜，就直接把豆腐皮送进了济南府。从此之后，官老爷们引以为美味，定期从豆腐王这里定做。同时，玉皇庙的豆腐皮也开始流传四方。

"打皇教"传说　据商河县多位百岁老人回忆，玉皇庙镇每年在正月十五这天，都要举办一场"打皇教"庙会活动。

"打皇教"起源于当地曾有人盗用玉皇大帝之名，装神弄鬼蛊惑民心，招摇撞骗为害乡里。为正本清源、抑恶扬善，当地乡绅联合八方道观及众多善男信女，于正月十五日聚集在玉皇庙殿前讲经释道，宣扬"真玉皇之道"。此举受到老百姓的热烈响应。随着这一活动的继续和延伸，每年的四月初十和十月初十，此地增加两场庙会，引得省内外客商云集玉皇庙，从此当地形成一种民俗，直到民国末年才结束。

演武屯史话　玉皇庙镇西南方 3 千米处有个演武屯，演武屯村东有个演武墩。相传隋大业元年（605），杨广继位后，曾在此修建演武场，广募民众习武做骁勇之士，以平匪患。

往事越千年。当年的演武场、演武墩已不复存在，而当地民间习武的传统却从未中断。有歌谣唱道：演武墩、演武演，演武出了个武术团，杆子流星全都全。才节鞭、七节鞭、九节钢鞭带绳鞭，刀枪剑戟教个全……为铭记这段历史，继续发扬"习武强

演武记忆馆

身，保家卫国”的精神，演武屯村专门建立一处演武记忆馆。在玉皇庙镇，与其相关联的还有隋炀帝屯兵杨广坞、扎营于家寨等一系列历史故事，流传至今。

古楼记忆　位于玉皇庙镇吕东村的古楼民居距今已有150多年历史，关于它的建造过程，蕴含着一段感人的故事。

清朝末年，吕东村有一位乡绅，为人乐善好施。有一年大旱颗粒无收，乡绅看到周围百姓生活艰辛，便想救济他们。可是，乡绅知道百姓不会平白受他恩惠，于是决定修建一座小楼，让附近的乡亲们帮忙，凡是去帮忙修楼者，乡绅就提供餐饭。消息一出，周围百姓纷拥而至，最多时近百人。为能帮助更多的穷苦百姓，乡绅故意放慢修建速度，小楼修了3年才全部完工，帮助附近众多百姓渡过了难关。乡绅的这一善举，流传至今。

杨四困城　据《商河县志》《商河流长》等史料记载，清光绪十六年（1890），漯河北岸孙庄决口，商河县大地主田玉成包办修河工程。他以城南八里庄为界，迫令庄南各村民众出劳力，庄北各村民出钱粮，侵吞河款自肥。由于偷工减料，工程质量差，第二年汛期漯河又决口。广大群众为此义愤填膺。光绪十八年三月，城南各村会首在宁家寺庙会相聚，求教于玉皇庙镇瓦屋头村知名人士杨秀章。杨秀章（1847—1945），生于瓦屋头村的一个普通农家，兄弟排行老四，因其勇于扶危拯弱，乡里尊称他为杨四爷。

早在光绪十三年（1887），黄河决口泛滥成灾。济阳县周家楼村劣绅周树仓伙同张绍弼趁承办治理黄河之机，巧立名目，鱼肉乡里。群众愤恨至极，公推杨秀章上诉其罪行。时值深冬，杨冒寒率众人赴济南府上告。由于官官相护，济南府当局拒不受理此案，他又星夜赶往北京上告。几经周折，终于胜诉。返回故里时，乡亲们摆酒接风，夹道相迎。

这次，杨秀章应众所请，二话没说，当即率村民数人，各手持农具器械涌往县城。将商河城包围之后，众人高呼“找田玉成算账”。田龟缩城内，如坐针毡，无奈求助于知县陈毓松。陈慑于群众声威，当众训斥田玉成，并好言劝慰群众，令田清账退款，摆席赔礼。至此，杨秀章才率众散去。

此后，为纪念这一事件，当地群众编出山东梆子《杨四困城》一戏，颂扬这场斗争的胜利。在当地演出后，深受群众欢迎。

以德报德——李家庵 玉皇庙西南方向十余里的李家庵村，相传很久以前是两个小村，分别住着邱、何两姓几十户人家，当地人通称为邱何二庄。

有一年，几位尼姑拉着一车米从此路过，突然狂风大作，暴雨倾盆，米车陷入泥水之中。这时，村里一个怀抱幼儿的邱姓壮汉率先赶来（此人丧妻不久，只得自己照顾孩子），来不及放下怀中幼儿，赶忙向前帮助推车。随后，何姓众人也前去相助。车子被推出，可邱姓幼儿在慌乱中不幸被挤压而死。

为报答邱姓壮汉及邱何二庄人的仗义相助，尼姑们捐出所有善款帮助邱何二庄各修了一座庙。从此两个村一片祥和，庙中香客不断。不久，有个姓李的大户人家到此落户，后又有卢姓、张姓等家族相继迁去，两村逐渐合为一体。

为回报当年尼姑们的善施之恩，邱何二庄在靠近李姓人家的地方建了尼姑庵，周围四里八乡前往进香的人越来越多。后来，邱何二庄的名号渐渐淡化，人们习惯把这个地方称作李家庵了。

雄狮退敌——狮子陈 相传，明朝中期，有陈大汉、陈二汉兄弟二人从河北枣强逃荒出来。陈大汉力大无穷，胳膊下夹了一对石狮子，经过此地时，见土地肥沃，便将石狮子放在一个水塘边，搭起窝棚落了户。从此，便有了狮子陈村。

如今，在村民的口中还流传着一段传奇故事。据说，抗日战争时期，日本侵略者接连侵占了附近许多村庄。当他们到达陈家村口时，正值乌云漫布、夜幕降临时分，只见一道闪电划过，路旁那对石狮子怒目而睁。领头的日本人顿时感到一股莫名的惧怕和恐慌，率领部下人马仓皇而逃。从此，再也不敢轻易进村。

关于石狮的传说还有很多，比如，狮子身上的螺旋环纹怎么数也数不清楚。如今，当地村民仍对石狮怀有一种朴素、真实的敬仰，他们把石狮当作保护神一般信奉，希望这对石狮能够保佑陈家村世代兴旺、生生不息。

习武义庄——花枪刘 关于花枪刘家村村名的来历，得从明朝末年说起。相传，过去村中并没有刘姓，直到有一天，由于连年灾荒加之战乱不断，河北枣强县的刘丛、刘义兄弟二人避难到这里。当时二人无依无靠，随身所带的只有两杆花枪和一套铺盖卷，进村后就在一棵柳树下住了下来。

村里人善良，为兄弟二人搭起帐篷，这家送一口锅，那家送一把米，刘家兄弟就这样在村里安了家。由于兄弟二人都喜习武，爱耍花枪，为全村人看护家园的担子就落在他们肩上。在刘氏兄弟的带领下，村民们都开始习武练枪，逐步形成"七十二杆花枪"的队伍。从此，刘氏家族在该村繁衍生息，日益壮大，"花枪刘家"的名声也越叫越响。久而久之，原来的村名也被人们淡忘了。

凤凰来仪——道口村 位于玉皇庙镇东南方位的道口村，原来还有个美丽的名字——凤凰村。相传该村名源于周边村庄造型神似凤凰，而这只凤凰是由 5 个村子共同组成的。李美生村（现属济阳县曲堤镇）为凤凰头，道口村为凤凰身，狮子陈村为左翅，国家村为右翅，西小庄村（现为国家村第四生产组）为凤尾。更让人惊奇的是，有两眼井正好坐落在凤头，就像凤凰的眼睛一样闪烁着迷人的光芒。而位于道口村旁徒骇河上的凤凰桥，正好充当了凤凰的脖颈。所以，形似凤凰身躯的道口村便被称为凤凰村了。

凤凰来仪，寓意祥瑞。那时的村庄，不仅叫凤凰村，也如有凤来仪一般，发挥着交通重镇的通商作用。古时，从商河前往淄博进行陶瓷交易，凤凰村是必经之路。小小的村落客栈众多、往来客商云集，好不繁荣。然而，随着凤凰桥的失修坍塌，凤凰村便盛名不再，村民们重新叫回"道口"的名字，取其"交通要道，路口众多"之意。

金牛被盗——小冯家 相传 100 多年前，吕西村内有个地方被称为小冯家。这是一个冯姓财主的家园，后来却悄然没落，据说与一段神话有关。

话说有一天，冯姓财主赶 99 头牛去土马河边饮水，回来时却变成了 100 头牛。原来是河神感怀财主平日的美德，送给他一头金牛。可是金牛混杂其中，财主并未发现。直到有一天，村里去了一个外地人，一眼便看到财主的牛栏里有头金牛，便动了歪心思，想把金牛带走。财主当然不肯。于是，外地人趁深夜偷偷潜入财主家的水塘，用铁锹切断了财主家的财脉。这时，一个巴掌大小的牛浑身闪着金光突然显现，跳入外地人的手里。从此，冯氏一族开始败落，家财散尽，人丁不兴。“小冯家”逐渐成为老人们口口相传的一段故事。

槐树烽燧——杨庄铺　“十里一铺底蕴浓，槐树烽燧佑乡里”。据传，清康熙元年（1662），杨氏一族从河北省枣强迁到此地，在一棵大槐树下定居。清代规定，“十里一铺，五里一店”，因该村距县城20千米左右，杨姓人居住此地较早，故在此设立驿站，称为杨庄铺。村名延续至今，原驿站标志烽燧遗址仍存。

人物

玉皇庙镇多贤达，除去以张绅、张咨、张奇、张九叙、张邦瑞为代表的张氏世家人物，玉皇庙镇涌现出如李馨亭、王明德、宋其臣、宋其兴等当代英模，还有李连治、张炳仁等民间美食和艺术传承人。

人物简介

李大训（生卒年不详） 又名李精一，字薪传，玉皇庙镇崇家村李氏十五世传人。据《商河流长》等史料记载：其人立品端方，弱冠入郡庠，旋食饩。为文不仅以风采见长，岁试辄冠军，钮学使赏其文高古，寖淫史汉。惜数奇仅以岁贡终。寿七十有九，子璋，邑庠生，品学有乃父风。

李馨亭（1916—1986） 原名李德香，玉皇庙镇玉西村人。抗日战争时期，他利用教师身份秘密参加党的地下工作。新中国成立后，组织上安排他继续在玉皇庙小学（后改为玉皇庙完小）教学。随着教育事业的发展，商河县调派他规划建设中学，全县 5 所中学他参与创建 3 所，即龙桑寺二中、玉皇庙三中和殷巷五中。为少花钱建好校，他四处奔波购置材料，吃凉饭、就咸菜、睡澡堂，从无半句怨言。1975 年，在商河工读师范学校离休后，被返聘到商河一中参与基建，直到 1986 年 8 月 1 日去世。

李连治（1918—2005） 玉皇庙镇李傅庄村人。自幼跟随其父学做锅饼，并将其独特的面食制作方法传至儿孙，使傅家锅饼成为远近闻名的地方名吃，流传至今。

张炳仁（1920—？） 玉皇庙镇东石桥村人，民间艺人，号兴陈，以说评书而闻名四里八乡，曾奔波于济阳、章丘一带。他的评书代表作有《杨门女将》《岳飞传》等。

张德富（1920—2002） 玉皇庙镇小仁河村人，民间艺人。曾任商河县县曲艺协会会员，以吹拉弹唱而闻名。曾奔波于济阳、商河、临邑等县，人送外号“吹破天”。

王明德（1928—1999） 玉皇庙镇安子东村人。1944 年参加八路军，1946 年加入中国共产党，历任班长、排长、连长、副营长。先后参加过解放商河、辽沈战役等数十次战役、战斗。1950 年 10 月，随中国人民志愿军抗美援朝，先后任副营长、营长。1952 年秋回国，是年进入中国解放军石家庄第二高级步兵学校学习。1955 年 2 月，调沈阳军区大连警备区某部队任二营营长。是年 12 月，调石城守备区 3287 部队任作训科科长，少校军衔。1958 年，调长山要塞区獐子岛守备区小耗子岛任独立营营长。1961 年春，调石城岛守备区 3287 部队任二营营长。1962 年秋，任师部作训处处长。1964 年 11 月，任侦查处处长。1968年6月3日，在人民大会堂受到毛泽东等国家领导人的接见（解放军沈阳军区团职以上干部）。1969 年 3 月，任辽宁省岫岩县支农工作组组长，并主持全县工作。1970 年 4 月，到大连市第一轻工业局工作。1971 年 5 月，因病回原籍休养。1982 年离休，副师级。1999 年 3 月去世。1950 年获解放东北纪念章、1951 年获抗美援朝纪念章、1954 年获全国人民慰问人民解放军代表团纪念章、1955 年获中华人民共和国三级解放勋章、1988 年获中华人民共和国中央军事委员会授予的中国人民解放军独立功勋荣誉章。

袁书明（1931—1989） 玉皇庙镇演武屯村人，民间艺人，以弹三弦、西河大鼓为表演形式，兼唱山东快书。主要曲目有《包公案》《武松》《朱洪武》，奔走于商河、济阳、临邑等县（区）演出。

宋其臣（1933—2015） 玉皇庙镇老宋家村人。1946 年 6 月参加工作，1949 年 5 月加入中国共产党，历任商河县公安局战士，省公安厅警卫员，经二路派出所指导员，济南市公安局治安处副处长、处长，济南市公安局副局长、局长兼党委书记（副市级），2005 年 6 月离休。曾任政协济南市第九届委员会委员、中共济南市第六次代表大会代表、中共山东省第六次代表大会代表。先后在全国首届城运会保卫工作中记功 1 次，立个人三等功 2 次。特别是在 1988 年全国第一届城市运动会保卫工作中，组织严密、指导有力，受到大会组委会的表彰。1995 年推出济南交警典型经验，在全国掀起学习济南交警的高潮。在公安工作长远发展的重大问题方面，很多经验得到公安部和山东省公安厅的褒奖和肯定。

董文利（1939—1995） 韩庙镇买虎站南村人。1956 年 1 月，加入中国共产党。1970 年 12 月任玉皇庙公社党委副书记、革委会副主任，1975—1980 年任玉皇庙公社党委书记。在任期间，为玉皇庙境内的农田水利基本建设打下良好基础，为提高粮棉产量满足群众生活需求作出贡献。1980 年 12 月调任商河县委常委、农办主任；此后，历任常务副县长、县委副书记、县长、县政协主席等职。1995 年 10 月 6 日因病去世。

宋其兴（1941—2012） 玉皇庙镇宋家村人，中共党员。1968 年参军入伍，在部队工作 20 年间，先后在北京、山西、新疆、浙江、安徽等省地从事国防工程，多次立功受奖。他双手各持一把风钻挖山石的工作精神被传为佳话。在任连长期间，所在部队每有艰难险阻工程均由他带队攻克完成，其连队被评为“尖刀连”。作为参加“核试验”实验人员之一，因工作突出被部队选派参观氢弹实验爆炸现场。1978 年 8 月，转业到济南市城建局工作，先后在市容管理处、八一立交桥管理处、外环路管理处工作，多次提前超额完成工作任务。2012 年 2 月，宋其兴因病去世，原部队和有关部门对其给予高度评价。

人物表

玉皇庙镇获省、市级劳动模范称号一览表

表 5

姓名	性别	出生年月	政治面貌	工作单位及职务	获得称号	获得时间
昝卿吉	男	1948 年 4 月	群众	玉皇庙镇前昝家村	济南市劳动模范	1990 年 5 月
段清友	男	1943 年 6 月	群众	玉皇庙镇段家村	济南市劳动模范	1991 年 4 月
刘立志	男	1965 年 11 月	群众	玉皇庙镇太平庄村	济南市劳动模范	2004 年 4 月
王立国	男	1966 年 9 月	群众	玉皇庙镇李家河沟村	山东省劳动模范	2008 年 4 月
常延富	男	1964 年 5 月	党员	玉皇庙镇瓦西村党支书记、村委会主任	山东省劳动模范	2012 年 4 月
史传功	男	1963 年 4 月	党员	玉皇庙镇史家庄村党支部书记、村委会主任	济南市劳动模范	2017 年 4 月
陈兰春	女	1970 年 3 月	群众	玉皇庙镇南小吕村妇联主席	济南市劳动模范	2017 年 4 月

玉苑春晓　　翟翔鹏　摄

大事纪略

玉皇庙镇是中国共产党领导建立较早的抗日根据地之一，在解放战争、土地改革以及社会主义改造和建设过程中都发挥了重要作用。改革开放后，玉皇庙镇的工业、农业齐头并进，各项事业蓬勃发展，成为全国重点镇、国家级生态乡镇和全国特色小镇。

1939 年黄孙庄战斗

1938 年 9 月，八路军总部派一一五师三四三旅政委萧华率部抵达山东乐陵，组成八路军东进抗日挺进纵队，建立军政干校。1939 年 10 月 24 日，八路军东进抗日挺进纵队一部将商河县玉皇庙镇黄孙庄的伪军自卫队全部歼灭，俘 30 人，缴获枪支 30 余支。

1940 年王天弼村伏击战

1940 年 6 月初，由营长杜步舟率领的八路军东进抗日挺进纵队延安支队，配合商河抗日武装力量，采用诱敌深入伏击敌人的战术，将玉皇庙镇垛石桥据点的日军小队和济阳伪军头子“白老八”诱至大张家村和王天弼村。经过一场激战，将日军 80 余人全部击毙。驻济阳的日军长官认为是伪军头子“白老八”私通八路军，将其部下官兵全部枪杀。

1940 年李家河沟战斗

1940 年 12 月 26 日，八路军东进抗日挺进纵队一部攻克玉皇庙镇李家河沟据点，毙敌伪百余人，生俘翻译官 1 人，缴获步枪 46 支，驳壳枪 2 支，掷弹筒 1 个，子弹万余发，手榴弹 30 余颗，战马 10 匹，大车 10 余辆，另有钢盔、指挥刀、军毯、大衣等战利品。

1943 年太平庄战斗

1943 年 10 月，商惠县独立营为打通与二军分区的联系，进驻到蒋家宿营。商河县伪警备队长田敬堂纠集 8 个据点的伪军对其实行合围。独立营立即转移太平庄，并伏击了赵美雨据点的敌人。这次战斗，生俘伪小队长以下 6 人，缴获长短枪 6 支。

1946 年白庙惨案

1945 年 9 月商河县城解放后，在中共商河县委的领导下，全县大部分村庄组织起农会等群众组织，带领翻身后的农民积极开展土地改革运动。位于徒骇河北岸 2 千米的商河五区白庙村，是商河县与济阳县交界处。该村伪村长刘志民曾多次勾结土匪头子李成忠，残酷敲诈勒索乡民欺压百姓，群众对其恨之入骨。商河解放后，以陈天焦、亓孝俭为首的白庙村民组织起农会，在上级党组织的领导下斗地主分田地进行土地改革，并将伪村长刘志民逮捕交上级机关。1946 年 3 月，刘志民被执行枪决。1946 年 7 月 27 日，已投靠国民党“还乡团”的李成忠，带领手下 30 余人由济南潜回玉皇庙境内，对白庙村进行报复。在搜查农会主任陈天焦未果的情况下，将农会副主任亓孝俭和土改积极分子刘万青、刘文福、刘文灿带至毛王店村，用绳子将刘文灿勒死，将亓孝俭、刘万青、刘文福活埋。8 月 11 日，李成忠手下王大海带人将白庙村农会会员陈继阡抓走，在王相村活埋，被称为“白庙惨案”。

1947 年大仁河土改经验受表彰

1947 年 8 月，在渤海区党委高干会议上，华东局工委负责人邓子恢对商河县大仁河村土改工作的 6 条经验给予好评。9 月，渤海区党委宣传部通报表彰大仁河村的土改复查工作。

玉皇庙撤区建乡

1957年1月，商河县10个区1个镇改划为40个乡（镇），其中包括演武屯乡、芮家乡、玉皇庙乡、白庙乡等。1958年2月，商河县将全县调整为19个乡（镇），分别是城关镇、潘桥乡、杨庄铺乡、玉皇庙乡、钱庄铺乡、吴家集乡、郑家乡、展家乡、常庄乡、殷巷乡、阎家乡、沙河乡、王家乡、韩庙乡、孙集乡、胡集乡、怀仁乡、小街子乡、蒿子孙乡。

玉皇庙镇被列入全国重点镇

2004年，玉皇庙镇首次被列入全国重点镇。2014年7月21日，住房和城乡建设部等部门按照《关于开展全国重点镇增补调整工作的通知》确定的条件和程序，公布全国重点镇名单，玉皇庙镇被列入其中。原2004年公布的全国重点镇名单同时废止。

2005 年设立玉皇庙街道

2005 年 11 月，经山东省人民政府批准，撤销杨庄铺乡、玉皇庙镇，以原杨庄铺乡和玉皇庙镇的行政区域设立玉皇庙街道，街道办事处机关驻原玉皇庙镇人民政府驻地。

2009 年金英日到玉皇庙街道商南彩椒示范基地考察

2009 年 3 月 17 日，朝鲜民主主义人民共和国内阁总理金英日到玉皇庙街道商南彩椒特色品牌农业示范基地参观考察。时任济南市委副书记、市长张建国等陪同考察，时任县委书记李宽端向金英日一行介绍商河县现代特色品牌农业的发展情况。金英日对此给予好评，希望在农业标准化生产领域加强两国的交流合作，并为商南彩椒基地写下"祝愿商河彩椒标准化基地为中国农业发展作出特色的贡献"的题词。

瓦西黑皮冬瓜生产基地获多项殊荣

2009年，以瓦西村为核心区，辐射带动周边瓦东、演武屯等26个村的黑皮冬瓜生产基地，种植面积1.6万亩，产品远销黑龙江、吉林、辽宁等省。被济南市农业局认定为“济南市十大特色品牌基地”之一；被山东省农业厅认定为山东省无公害农产品基地。瓦西黑皮冬瓜专业合作社被济南市农业产业化经营工作小组认定为2009年市级农民专业合作社示范社；瓦西村黑皮冬瓜种植协会被省科协、省财政厅联合实施的科普惠农示范工程表彰为全省科普示范工程项目，被推荐为全国科普惠农兴村计划项目。

2010年玉皇庙镇承办中国小城镇规划学术委员会年会

2010年12月11—12日，由中国城市规划学会小城镇规划学术委员会和商河县政府主办、玉皇庙镇政府承办的中国城市规划学会小城镇规划学术委员会2010年会在商河县举行。与会的51名学术委员会委员及部分专家学者围绕城乡统筹、提高小城镇吸引力、小城镇交通和发展小城镇特色产业等议题展开深入讨论与交流。玉皇庙镇政府《坚持规划引领发展，努力创建国家级示范镇》入编《2010中国城市规划年会论文集》。

2012 年玉皇庙镇列入“山东省百镇建设”示范镇

2012 年 6 月，山东省人民政府印发《关于开展百镇建设示范行动　加快推进小城镇建设和发展的意见》。经过市、县评选推荐，玉皇庙镇入选其中。2012 年 8 月 10 日，山东省人民政府办公厅公布全省“百镇建设示范行动”示范镇名单玉皇庙镇位列其中。

山东工程职业技术大学落户玉皇庙

2017 年 7 月，商河县政府与山东凯文科技职业学院（后更名为山东工程职业技术大学）签订商河县玉皇庙校区落户的合作协议。该校是经山东省人民政府批准成立的全日制普通专科高校，学校始建于 1990 年，前身为山东大学电子维修培训学校和山东工大科技专修学院，2000 年新山东大学成立后，两校随之合并，更名为山东科技专修学院。2003 年，三庆集团与山东大学科技集团签署“合作共建山东科技专修学院协议书”。2005 年，经山东省人民政府批准、教育部备案成立山东凯文科技职业学院。2018 年 12 月 20 日，教育部批复同意山东凯文科技职业学院升格为本科层次职业学校，成为本科层次职业教育试点。山东工程职业技术大学商河校区位于玉皇庙镇兴源街以北、玉凯路以东，总占地面积 1000 余亩，一期用地 200 余亩，学校招生规模约 8000 人，建筑面积

30 万平方米左右，包括建设教学楼区、图书馆区、宿舍餐饮区、实验楼区等 8 大区域。至 2019 年 5 月，一期地块土地组卷的前期工作进展顺利，完成“四至”测定，地上附属物已清点完毕。

2017 年玉皇庙镇获批全国特色小镇

2017 年 8 月 22 日，住房和城乡建设部按照《关于保持和彰显特色小镇若干问题的通知》和《关于做好第二批全国特色小镇推荐工作的通知》要求，在各地择优推荐的基础上，经组织现场答辩、专家评审和公示，认定 276 个镇为第二批全国特色小镇，山东济南市商河县玉皇庙镇位列其中。

商河县通用航空机场落地玉皇庙

2017 年，商河县通用航空机场获得有关部门正式出具的核准意见，同意建在玉皇庙镇南部。项目总投资约 51 亿元，用于研发、维修、培训和航空物流基地等。2019 年 10 月 21 日，山东省发改委正式下发《关于济南商河通用机场建设工程可行性研究报告的批复》。历时 5 年的机场申报审批工作全部完成，项目进入设计建设阶段。

2018 年玉皇庙镇入选山东省经济发达镇行政管理体制改革镇

2018 年 11 月 19 日，中共山东省委机构编制委员会下发《关于新增经济发达镇行政管理体制改革镇的通知》，根据《关于推广经济发达镇改革试点经验深入推进乡镇（街道）行政管理体制改革的实施意见》，商河县玉皇庙镇入选 10 个新增经济发达镇行政管理体制改革镇。

2019 年玉皇庙镇入选山东省园林城镇

2019 年 1 月 11 日，山东省住房和城乡建设厅发布《关于 2018 年省级园林城镇评价情况的通报》，对 2018 年省级园林城镇评价情况进行通报，经过对申报的 22 个建制镇的材料审查、综合评审，最终认定玉皇庙镇、白塔镇、双杨镇等 13 个建制镇达到省级园林城镇标准。

土马河生态园一瞥

附录

新闻报道

2015—2019 年玉皇庙镇获省级以上媒体报道一览表

表 6

时间	报道名称	报道媒体
2015 年 1 月 22 日	《有了文化大院，村民有空就看书》	《齐鲁晚报》
2015 年 3 月 4 日	《粗心把钱扔垃圾箱环卫工人完璧归赵》	山东电视台
2015 年 3 月 5 日	《我爱发明：如意“蒜”盘》	中央电视台十套
2015 年 3 月 17 日	《谁给 15000 斤“物理韭菜”找个出路》	《齐鲁晚报》
2015 年 3 月 18 日	《一天 200 个电话抢购“物理韭菜”》	《齐鲁晚报》
2015 年 3 月 19 日	《种“零药残”韭菜四年连亏》	《农村大众》
2015 年 4 月 11 日	《山东启动“放心农资下乡进村宣传周”活动》	山东电视台
2015 年 4 月 11 日	《山东农科：放心农资下乡杜绝假货坑农》	山东电视台
2015 年 4 月 15 日	《“放心农资下乡进村宣传周”活动启动》	《大众日报》
2015 年 4 月 17 日	《药用包装玻璃国家重点科研项目取得新突破》	山东电视台
2015 年 4 月 29 日	《山东新闻：当前小麦长势良好防病治虫是关键》	山东电视台
2015 年 5 月 19 日	《早安山东：超硬西瓜上能站 180 斤壮汉》	山东电视台
2016 年 3 月 10 日	《植树节，火了城外冷了城里：城区居民无地栽树乐得清闲，乡镇居民寻地栽树盼增收》	《齐鲁晚报》
2016 年 3 月 23 日	《玉皇庙镇多举措抗旱》	《齐鲁晚报》
2016 年 3 月 30 日	《中国重汽支架配件供应量玉皇庙一企业居全省第一》	《齐鲁晚报》
2016 年 4 月 7 日	《精准扶贫招聘帮贫困户摘掉穷帽》	《大众日报》
2016 年 4 月 7 日	《精准扶贫，玉皇庙有“干货”》	《齐鲁晚报》
2016 年 4 月 19 日	《玉皇庙镇：商河县首家镇级消防站正式开工建设》	《大众日报》
2016 年 4 月 21 日	《首家镇级消防站落户玉皇庙》	《齐鲁晚报》
2016 年 5 月 9 日	《中国种植匠——三招种出放心韭菜》	山东电视台农科频道
2016 年 5 月 12 日	《山东商河吕东民居免费开放》	《中国文化报》
2016 年 5 月 20 日	《山东商河农民带“农权”进城落户》	新华社
2016 年 5 月 25 日	《山东农险十年：农民投保 8 亿获赔 32 亿》	山东电视台
2016 年 6 月 16 日	《水果五彩椒上市》	《齐鲁晚报》
2016 年 7 月 4 日	《人民的选择——生死相依》	山东卫视
2016 年 7 月 5 日	《玉皇庙镇“立体扶贫”打造富民样本》	光明网

续表 6

时间	报道名称	报道媒体
2016 年 7 月 28 日	《玉皇庙镇瓦西首届葡萄采摘节开幕》	《齐鲁晚报》
2016 年 7 月 29 日	《我省首个“保险＋扶贫”精准扶贫模式在商河玉皇庙镇启动》	齐鲁网
2016 年 7 月 29 日	《商河县玉皇庙镇：精准扶贫有力度 村村有了主心骨》	大众网
2016 年 8 月 18 日	《商河县玉皇庙镇：三项整治并进玉皇花美靓商河》	新华网、中国网
2016 年 8 月 11 日	《精准扶贫，玉皇庙不掺水分》	《齐鲁晚报》
2016 年 9 月 2 日	《我爱发明：站立吧，大蒜》	中央电视台 国防军事频道
2016 年 10 月 13 日	《玉皇庙镇：济南首个村级扶贫光伏电站发电》	《齐鲁晚报》
2016 年 10 月 14 日	《玉皇庙镇：济南首个村级扶贫光伏电站发电》	凤凰网
2016 年 10 月 20 日	《玉皇庙检察室获示范站荣誉称号》	《齐鲁晚报》
2016 年 11 月 8 日	《“生产以外的事都不用企业操心”》	光明网
2016 年 11 月 10 日	《商河玉皇庙镇 8 个项目当年建设当年投产》	《大众日报》
2017 年 3 月 10 日	《新农机纷纷亮相省力型最受欢迎》	山东电视台农科频道 《乡村季风》
2017 年 6 月 24 日	《看看商河县玉皇庙派出所所长张志刚的“工作经”——调解的多是小纠纷，需要的却是大智慧》	《齐鲁晚报》
2017 年 9 月 7 日	《全国特色小镇济南“零”突破，商河县玉皇庙镇成功创建第二批全国特色小镇》	《齐鲁晚报》
2017 年 11 月 15 日	《打好“党建＋”组合拳趟出精准扶贫新路子》	《大众日报》
2018 年 1 月 22 日	《山东商河玉皇庙镇：“爱心基金”温暖贫困家庭》	新华网
2018 年 2 月 6 日	《山东商河：送温暖听诉求　百名党员走访千户贫困户》	新华网
2018 年 2 月 26 日	《山东商河：许家寺村的脱贫攻坚路》	新华网
2018 年 5 月 31 日	《六一儿童节　在商河这样过》	《齐鲁晚报》
2018 年 6 月 8 日	《山东第三期乡镇长培训班开班　上课提问敢放“胆”》	新华网
2018 年 6 月 11 日	《山东：乡镇长培训班新风扑面　开班“破冰”自揭短》	人民网
2018 年 7 月 2 日	《深化一次办成改革　济南各区县营商环境提升出高招》	新华网
2018 年 7 月 9 日	《一户一宅来了　商河率先在济南试点规范宅基地使用》	新华网
2018 年 7 月 22 日	《“一户一宅”落地！商河试点规范农村宅基地使用》	山东电视台农科频道 《一切为了群众》
2018 年 7 月 29 日	《“一户一宅”试验　商河一马当先》	山东电视台公共频道 《政事面对面》
2018 年 8 月 2 日	《玉皇庙镇“环保管家”覆盖 63 家企业》	《大众日报》
2018 年 8 月 15 日	《商河县玉皇庙镇纪委多措并举助力扫黑除恶》	新华网
2018 年 11 月 29 日	《商河打造民营经济发展热土 营造更优发展环境 让企业更加安心》	《齐鲁晚报》
2019 年 1 月 11 日	《商河行，悦享时光似水流年》	新华网
2019 年 1 月 21 日	《2019 济南迎春民俗文化节落幕》	大众网
2019 年 1 月 27 日	《打造济南乡村振兴的商河样板》	新华网
2019 年 3 月 5 日	《商河成全国清洁供热瞩目焦点》	大众网

续表 6

时间	报道名称	报道媒体
2019 年 3 月 12 日	《商河县成功举办“山东省大学生留商就业体验日”活动》	大众网
2019 年 4 月 29 日	《王树理：“谁不说俺家乡好”》	中国网
2019 年 5 月 6 日	《商河县：一切以人民为中心，用心用情为群众服好务》	大众网
2019 年 5 月 7 日	玉皇庙镇甜椒种植《亩产三万斤的甜椒咋种的》	中央电视台国防军事频道《农广天地》
2019 年 6 月 8 日	玉皇庙镇崇峻大蒜播种机故事《独头蒜是怎么种出来的》	中央电视台国防军事频道《农广天地》
2019 年 6 月 18 日	《商河县玉皇庙镇：为担当者担当 为干事者撑腰》	大众网
2019 年 6 月 28 日	《生态立县——山东商河县以生态产业化实现“绿色崛起”》	新华网
2019 年 7 月 1 日	《玉皇庙镇瓦西村：支部建在产业链 群众增收得实惠》	《山东商报》
2019 年 7 月 11 日	《村庄环境越来越好 群众过的舒心幸福 记玉皇庙镇许家寺村党支部书记许秀军》	《齐鲁晚报》
2019 年 8 月 15 日	《庄户剧团接地气 乡村振兴添动能 玉皇庙镇在全镇 96 个村举办文艺演出》	《齐鲁晚报》
2019 年 9 月 19 日	《四位院士缘何青睐这个偏僻小镇》	《大众日报》
2019 年 9 月 24 日	《丰收醉人，黑皮冬瓜满田地》	《农村大众》
2019 年 10 月 16 日	《北看商河：一台机器能抵 60 人》	《农村大众》
2019 年 12 月 2 日	玉皇庙镇宣传片《特色小城镇 大美玉皇庙》	中央电视台国防军事频道
2019 年 12 月 3 日	《专家足不出户 农户拎包入驻——全省首家“企业 + 合作社 + 农户”数字农场亮相玉皇庙》	大众网
2019 年 12 月 30 日	《建立两个院士工作站，发展经济改善民生 玉皇庙争创全国文明镇》	《齐鲁晚报》

主要参考文献

石毓嵩编:《重修商河县志》，1936 年。

商河县志编纂委员会编:《商河县志》，济南出版社，1994 年。

商河县电业志编纂办公室编:《商河县电业志（1969—1997）》，中华书局，1999 年。

商河县志编纂委员会编:《明清商河县志集》，济南出版社，2005 年。

商河县史志办编著:《商河流长》，山东人民出版社，2012 年。

商河县史志办编:《商河乡村志》，济南出版社，2015 年。

商河县史志编纂委员会编:《商河县志（1991—2010）》，方志出版社，2017 年。

编纂始末

1994年，力诺落户玉皇庙镇，开启了玉皇庙镇玻璃产业发展的浓重篇章。2014年，玉皇庙镇入选全国重点镇，为玉皇庙镇经济社会发展提供了前所未有的机遇。2017年8月，玉皇庙镇被认定为全国特色小镇（玻璃智造小镇），为济南市首个特色小镇。“二十年磨一剑”，玉皇庙镇快速健康发展的历程倾注了全镇广大干部群众的心血和汗水，更寄托了玉皇庙镇近7万人民群众的殷切期望和辛勤付出。以系列资料的形式，忠实记录这段城乡发展变化的历史进程，已然成为全镇广大干部职工和人民群众的共同心声。

响应广大干群的期盼，镇党委、政府研究认为，2018年时值杨庄铺、玉皇庙两行政区初次合并60周年（1958年12月，杨庄铺乡并入玉皇庙乡，至1960年1月，乡正式用公社称谓）。“六十”一甲子，因此有必要把玉皇庙玻璃小镇建设的24年历程放到更广阔的历史坐标中去定位。基于此，编纂《玉皇庙镇志》的想法成为镇党委、政府的共识，也充分反映了广大干部群众的共同意愿，更得到省、市、县史志部门的高度赞赏，第一时间推荐并申报《玉皇庙镇志》列入“齐鲁名镇志”工程。2018年3月28日，市县两级史志部门领导到玉皇庙镇督促动员镇志编修工作，镇党委、政府积极响应，当日组建玉皇庙镇志编修工作领导小组。吸收庞佃军为主编围绕玉皇庙突出特色，结合商河县全域旅游工作的推进，重点就玉皇庙镇相关旅游元素的整合作深入系统的挖掘提炼，并在一周内制定下发《玉皇庙镇志编纂工作方案》和《镇志编纂工作任务进度配档表》，作为推动镇志编纂工作的有力抓手。4月8日至7月18日短短三个多月时间，镇人大主席王育海作为牵头负责人组织带领各编务人员下村入户、南上省城、北赴京津，广征资料，认真考究，去伪存真，做了大量的资料征集、甄别汇总工作，形成近70万字的原始资料电子文本。在此基础上，镇志执行主编等各编辑人员压茬推进，认真负责地编辑、校对、求证，最终形成40余万字的镇志初稿。在7月18日玉皇庙镇庆祝建党97

周年座谈会上，对《玉皇庙镇志》初稿进行了深入的讨论、评议，同时编委会先期将初稿送交出版社，并同步进行县级以上专家评审和修改完善，专家的评审意见和修改要点一并在三审三校流程中得以充分体现，并最终形成传统版镇志的整体架构，于2018年9月正式印发。在此基础上，玉皇庙镇新一届党委、政府主动作为，积极推进《中国名镇志丛书·玉皇庙镇志》的全面修订工作，并得到省市县三级史志部门的热情鼓励和大力扶持，省地方史志研究院指派郭能勇、王笃银对志稿进行认真评审。

镇志编纂过程中，中共商河县委办公室、中共商河县委宣传部、商河县文化和旅游局、商河县地方史志研究中心、住房和城乡建设局、统计局、市场监管局、彩虹社区居委会、张大人村两委等有关单位的领导和有关方面的负责人以及济南监狱原副监狱长张林镇、人民日报社山东分社原副社长宋学春、天津狗不理集团总经理张彦明、力诺集团股份有限公司监事长申英明、济南周三读书会秘书长王强、吴桥县文联原副主席张彦广、定居哈尔滨的张彦凯先生、商河县政协原主席陈昌茂、县委宣传部副部长杜志强、商河县地方史志研究中心原主任陈丽梅、商河电视台副台长张恒宽等领导和有关方面人士给予热情帮助和大力支持。商河县艺术摄影学会翟翔鹏、李超为镇志彩页拍摄部分专题图片，商河县“社长家”茶室经理孙维华为镇志编纂过程中的编务协调等提供雅致环境和热情帮助。值此镇志出版发行之际，谨向以上单位和人员表示敬意和谢忱。为保持资料连续性，志书采用一些志书、年鉴及摄影画册的资料，如《商河乡村志》《商河县志》《商河年鉴》《商河统计年鉴》《大美玉皇庙》等，行文起见原文引用时未逐一列明出处，部分图片摄影作品因无法落实具体作者，这些图片由镇宣传办公室提供，故均以“镇宣传办公室提供”表述，谨表歉意，敬请谅解。《中国名镇志丛书·玉皇庙镇志》内容纷繁，限于资料缺失和编纂者的水平，尽管殚精竭虑、历经艰辛，书中纰漏和错误之处仍然在所难免，恳请各级领导、方志专家和读者批评指正。

编　者

2020年5月